Das Informationsrecht der Sicherheitsbehörden zwischen Konstitutionalisierung und Europäisierungn

ISSN 1610-7500
ISBN 978-3-86676-870-3

Michael Bäuerle

Das Informationsrecht der Sicherheitsbehörden zwischen Konstitutionalisierung und Europäisierung

Schriftenreihe Polizei & Wissenschaft

ISSN 1610-7500
ISBN 978-3-86676-870-3

Verlag für Polizeiwissenschaft
Prof. Dr. Clemens Lorei

Bibliografische Information der Deutschen Nationalbibliothek
Die Deutsche Nationalbibliothek verzeichnet diese Publikation in der Deutschen Nationalbibliografie; detaillierte bibliografische Daten sind im Internet über http://dnb.d-nb.de abrufbar.

Verlag für Polizeiwissenschaft, Prof. Dr. Clemens Lorei
Eschersheimer Landstraße 508 • 60433 Frankfurt
Telefon/Telefax 0 69/51 37 54 • verlag@polizeiwissenschaft.de
www.polizeiwissenschaft.de

Printed in Germany

Das Informationsrecht der Sicherheitsbehörden zwischen Konstitutionalisierung und Europäisierung

Michael Bäuerle

Vorwort

Dieser Untersuchung liegt eine im Jahr 2023 abgeschlossene Masterarbeit im Studiengang „Informationsrecht (LL.M.)" des Centers für lebenslanges Lernen (C3L) der Universität Oldenburg zugrunde, deren Thematik sich mir im Zuge der Mitarbeit in der von Prof. Dr. Indra Spiecker gen. Döhmann und Prof. Dr. Jörn Lamla geleiteten Projektgruppe „Verantwortungsdiffusion durch Algorithmen" des hessischen Zentrums verantwortungsbewusste Digitalisierung (ZEVEDI) sukzessive erschlossen und damit als Untersuchungsgegenstand angeboten hatte. Die Arbeit befindet sich im Wesentlichen auf dem Stand von Rechtsprechung und Gesetzgebung im Juni 2023. Für das sorgfältige und kritische Gegenlesen des Manuskripts und redaktionelle und inhaltliche Anmerkungen bedanke ich mich herzlich bei Prof. Dr. Christiane Wegricht.

Gießen im Mai 2024

Prof. Dr. Michael Bäuerle, LL.M.

Inhaltsverzeichnis

A. Problemstellung: Sicherheitsgesetzgebung zwischen technologischem Wandel, verfassungsgerichtlicher Kontrolle und EU-rechtlicher Harmonisierung

Das Recht der Sicherheitsbehörden befinden sich in der Bundesrepublik seit längerem in einem dynamischen Wandel.[1] Die vorliegende Untersuchung nimmt mit der Konstitutionalisierung und Europäisierung zwei Entwicklungslinien des Rechts der Sicherheitsbehörden für den Bereich des Umgangs mit Informationen und Daten in den Blick.[2]

Vor dem Hintergrund normativer und faktischer Veränderungen und Umbrüche hat sich das Informationsrecht der Sicherheitsbehörden zu einem in hohem Maße verfassungs- und europarechtlich determinierten Regelungsbereich entwickelt.

I. Hintergrund

Den Kontext für diese Entwicklung bildeten auf nationaler Ebene zunächst Änderungen der sog. Sicherheitsarchitektur,[3] fortlaufende gesetzgeberische Anpassungen und deren kontinuierliche verfassungsgerichtliche „Begleitung".

1. Ausdehnung der Aufgaben der Sicherheitsbehörden und technologischer Wandel

[1] Dazu etwa Albers, BeckOK DatenschutzR, Vorb. Syst. L., Rn. 1 („wenige Bereiche haben sich in den vergangenen Jahrzehnten so sehr verändert"), Löffelmann, GSZ 2021, S. 16 („auffällige Reformdynamik"); Bäcker, Kriminalpräventionsrecht, S. 1 f. (die „permanente Reform" des Sicherheitsrechts als Symptom der „Regelungskrise des öffentlichen Rechts" kennzeichnend).

[2] Zur besseren Lesbarkeit wird in dieser Arbeit zumeist das generische Maskulinum verwendet. Die verwendeten Personenbezeichnungen beziehen sich – sofern nicht anders kenntlich gemacht – auf alle Geschlechter.

[3] Eingehend dazu Bäcker, HdB VerfR, § 28, Rn. 5 ff.

Angesichts neuer Bedrohungen von Staat und Gesellschaft waren zunächst die Sicherheitsbehörden – namentlich die Polizeien und Verfassungsschutzbehörden des Bundes und der Länder[4] – zentralisiert, ausgebaut[5] und ihre Aufgabenfelder erweitert worden.[6]

Infolge der dadurch entstandenen „Vorfeldaufgaben"[7] der Sicherheitsbehörden entwickelten sich deren Handlungskonzepte von reaktiver Einzelfallbezogenheit hin zu einem (auch) strukturorientierten „operativen" Vorgehen.[8] Je mehr es galt, Sicherheitsrisiken für die zivile Gesellschaft frühzeitig zu erkennen und erfolgversprechend abzuwehren, desto stärker waren die Behörden auf die Gewinnung und Verarbeitung von Informationen angewiesen; erst wenn auf Seite des Staates in ausreichendem Maße Information vorhanden ist, können entsprechende Gefahr- und Verdachtshypothesen erstellt, überprüft und zur Grundlage geeigneter Maßnahmen gemacht werden.[9]

---

[4] Im Folgenden bleibt die Betrachtung im Wesentlichen auf diese Behörden beschränkt, da mit deren traditionellen Hauptaufgaben – der Abwehr von Gefahren für die öffentliche Sicherheit und der Aufklärung über Bestrebungen gegen die freiheitlich-demokratische Grundordnung – der Bereich umrissen ist, der im politischen Raum als Innere Sicherheit bezeichnet wird. Im Interesse einer Begrenzung des Untersuchungsgegenstands bleiben somit die mit auslands- bzw. militärspezifischen Aufgaben betrauten Behörden (Bundesnachrichtendienst und Militärischer Abschirmdienst) ausgenommen, soweit zu ihnen nicht für das Thema relevante Rechtsprechung des Bundesverfassungsgerichts vorliegt.
Außer Betracht bleiben weiterhin die Ordnungs- und Verwaltungsbehörden, die zwar in vielen Bundesländern ebenfalls Gefahrenabwehraufgaben wahrnehmen (vgl. etwa § 1 Abs. 1 HSOG, § 1 Abs. 1 Rh.-Pf. POG), die jedoch nur eine Zuständigkeit neben anderen darstellen.

[5] Näher dazu Albers, BeckOK DatenschutzR, Vorb. Syst. L., Rn. 5 ff.

[6] Bei den Verfassungsschutzbehörden wurde die traditionelle Aufgabe der Beobachtung verfassungsfeindlicher Bestrebungen (teilweise) auf den Terrorismus und/oder die organisierte Kriminalität ausgedehnt (dazu Lindner/Unterreitmeier, BeckOK Polizei- und Sicherheitsrecht Bayern, BayVSG, Syst. Vorb., Rn. 1 ff.); bei den Polizeibehörden wurde die klassische Aufgabe der Gefahrenabwehr um die Aufgabe der vorbeugenden Bekämpfung von Straftaten erweitert (dazu Denninger, HdB Polizeirecht, Teil B, Rn. 14 ff.).

[7] Zum Begriff statt vieler Möstl, BeckOK BayPolR, Syst. Vorb. PolR Deutschl., Rn. 43 ff. m.w.N.; gemeint ist, dass bereits gehandelt werden darf, bevor die traditionellen polizei- und strafverfahrensrechtlichen Einschreitschwellen der konkreten Gefahr für die öffentliche Sicherheit oder Ordnung bzw. des Verdachts einer Straftat überschritten sind.

[8] Dazu Bäcker, HdB VerfR, § 28, Rn. 18 ff., 23 ff.

[9] Müller/Schwabenbauer, HdB Polizeirecht, Abschn. G, Rn. 2; prägnant auch Altwicker, S. 100: „Die im Vorfeld der Gefahr ansetzende Vorsorge ist in erster Linie Informationsmanagement."

Diese Entwicklung traf auf den technologischen Wandel in der Informationstechnik, der unter anderem eine weitreichende Datafizierung gesellschaftlicher Kommunikation zur Folge hatte.[10] Dieser Wandel schuf für die Sicherheitsbehörden nicht nur neue (potentielle) Informationsquellen, sondern auch Instrumente und Technologien für deren Ausschöpfung und Analyse sowie die Wissensgenerierung als solche.[11]

2. Intensivierung der informationsbezogenen Gesetzgebung

Die Ausdehnung der Aufgaben und der technologische Wandel bedingten ihrerseits eine Anpassung und Erweiterung der rechtlichen Grundlagen für die Erhebung und Nutzung von Daten und Informationen durch die Sicherheitsbehörden. Die insbesondere ab Anfang der 2000er Jahre zunehmende Geschwindigkeit der Gesetzgebungstätigkeit des Bundes und der Länder[12] hatte zur Folge, dass der informationsbezogene Teil der Sicherheitsgesetze überproportional anwuchs.

So beziehen sich derzeit etwa im Hessischen Gesetz über die öffentliche Sicherheit und Ordnung (HSOG) nur 30 von dessen 129 Paragraphen – also etwa 23 % – auf den Umgang mit Daten, deren Text umfasst jedoch mehr als 49 % des gesamten Gesetzestextes; im Bayerischen Polizeiaufgabengesetz (BayPAG) haben die datenbezogenen Vorschriften einen Anteil von ca. 33 % (34 von 102 Paragraphen), der jedoch ca. 63 % des gesamten Gesetzestextes ausmacht.[13] Zutreffend wird daher in der Literatur diagnostiziert, mittlerweile stelle „sich das Recht der Recht der Polizeien und Nachrichtendienste in weitem Umfang als Recht des Umgangs mit personenbezogenen Informationen und Daten dar."[14]

---

[10] Albers, BeckOK DatenschutzR, Vorb. Syst. L., Rn. 1.

[11] Albers, BeckOK DatenschutzR, Vorb. Syst. L., Rn. 1, u.a. auf den zunehmenden Einsatz künstlicher Intelligenz verweisend.

[12] Die sich etwa im Änderungsverzeichnis der Strafprozessordnung an der großen Zahl der zwischen 1992 und 2022 vorgenommen Änderungen im 8. Abschnitt des ersten Buchs („Ermittlungsmaßnahmen", §§ 94 bis 111q) ablesen lässt.

[13] Zahlen erhoben mit Hilfe der Wort- und Zeichenzählungsfunktion von Microsoft Word.

[14] Albers, BeckOK DatenschutzR, Vorb. Syst. L., Rn. 2; in diese Richtung auch Müller/Schwabenbauer, HdB Polizeirecht, G, Teil I., Rn. 2 („Teilgebiet des Informationsverwaltungsrechts"), Bäcker, HdB VerfR, § 28, Rn. 42, verweist auf die stetig ausgebauten Rechtsgrundlagen für die sicherheitsbehördliche Informationsordnung; Gärditz, GSZ 2017, 1 (4) betont die „Schlüsselstellung" des Umgangs mit Daten und Informationen im Sicherheitsrecht.

3. Das Bundesverfassungsgericht als ständiges Korrektiv

Als ebenso beständig wie der Ausbau des Informationsrechts der Sicherheitsbehörden erwies sich dessen verfassungsgerichtliche Überprüfung. „Man weiß," – so *Volkmann* – „dass jede neue Regelung im Sicherheitsbereich, die der Bundes- oder irgendein Landesgesetzgeber auf den Weg bringt, am Ende zuverlässig beim *BVerfG* landet."[15]
In der Tat kann mit Blick auf die – für einen einzelnen Regelungsbereich an Entscheidungszahl und -tiefe wohl beispiellose – Rechtsprechung des Bundesverfassungsgerichts zum Informationsrecht des Sicherheitsbehörden[16] ohne weiteres von einer Konstitutionalisierung dieses Rechtsbereichs[17] gesprochen werden.

4. Fortschreitende rechtliche Harmonisierung durch die EU

Parallel dazu verstärkte sich der Einfluss der EU auf das Recht der Sicherheitsbehörden. Diese hatte die nach dem Maastricht-Vertrag intergouvernemental geprägte polizeiliche und justizielle Zusammenarbeit (sog. dritte Säule) über die Verträge von Amsterdam und Lissabon zunächst zu einem regulären Politikfeld der Union („Raum der Freiheit der Sicherheit und des Rechts"[18]) gemacht[19] und die institutionelle Zusammenarbeit über EU-Agenturen wie Europol, Eurojust, FRONTEX und eu-Lisa ausgebaut.[20] Politisch wurde ab 2015 von der EU-Kommission sodann über Agenden und Strategien[21] der Prozess zur Schaffung einer

---

[15] Volkmann, NVwZ 2021, 1408 (1409).

[16] Die wesentlichen Entscheidungen sind in der Liste in Anhang I aufgeführt.

[17] So etwa Lindner/Unterreitmeier, BeckOK Polizei- und Sicherheitsrecht Bayern, BayVSG, Syst. Vorb., Überschrift IV vor Rn. 14 ff., Wolff, DVBl. 2015, 1076 (1078 ff.), Gärditz, GSZ 2017, 1 (3 f.); von einer „Überkonstitutionalisierung des Sicherheitsverwaltungsrechts" spricht Schoch, VVDStRL 81 (2022), Aussprache und Schlussworte, S. 504.

[18] Titel V des AEUV (Art. 67 bis 89).

[19] Zu dieser Entwicklung Aden, HdB Polizeirecht, Abschn. M, Rn. 1 ff. m.w.N.

[20] Dazu näher etwa Aden, Sicherheitsunion, S. 458 f. m.w.N.

[21] Zu nennen sind insbesondere die Europäische Sicherheitsagenda (COM(2015) 185 final), die Mitteilung der Kommission zur Umsetzung der Europäischen Sicherheitsagenda im Hinblick auf die Bekämpfung des Terrorismus und die Weichenstellung für eine echte und wirksame Sicherheitsunion (COM(2016) 230 final) und die EU-Strategie für eine Sicherheitsunion (COM(2020) 605 final); zu letzterer liegen inzwischen vier Fortschrittsberichte der Kommission vor.

Sicherheitsunion in die Wege geleitet.[22] Diesen forcierte die Kommission durch die Vorlage von Richtlinien- und Verordnungsentwürfen,[23] von denen einige inzwischen verabschiedet sind.[24]

Unabhängig von diesen Bemühungen hat sich der europarechtliche Einfluss in jüngerer Zeit dadurch weiter vergrößert, dass die EU von ihrer nach Art. 16 Abs. 2 AEUV gegebenen Kompetenz zur Rechtssetzung im Bereich des Datenschutzes Gebrauch gemacht hat. Dabei hat sie auch das Informationsrecht der Sicherheitsbehörden durch eine zeitgleich mit der DSGVO[25] verabschiedete Datenschutz-Richtlinie für Polizei und Justiz[26] (im Folgenden: JI-RL) unmittelbar in den Blick genommen und so eine Harmonisierung des entsprechenden Rechts der Mitgliedsstaaten veranlasst(e).

Zwar ist die Umsetzung der JI-RL Richtlinie bisher noch nicht Gegenstand der Rechtsprechung des Europäischen Gerichtshofs geworden. Dieser hatte sich jedoch bereits mit anderen Rechtsakten und ihrer Umsetzung zu beschäftigen, die einen Bezug zum Informationsrecht der Sicherheitsbehörden aufweisen.[27] Insgesamt kann daher ohne weiteres von dessen Europäisierung gesprochen werden.

---

[22] Zur Kritik an dieser Entwicklung m.w.N. nur Pfeffer, Vom Verfassungsstaat zur Sicherheitsunion, S. 75 ff.

[23] Siehe etwa COM(2017) 793 final, COM(2017) 794 final, COM(2018) 225 final, COM(2018) 226 final, COM(2020) 796 final, COM(2021) 780 final, COM(2021) 782 final, COM(2021) 784 final und COM(2022) 209 final.

[24] So wurde die vorgeschlagene Änderung der EuropolVO (Com(2020) 9796 final) durch Art. 1 VO (EU) 2022/991 vom 8.6.2022 (ABl. L 169 S. 1) verwirklicht.

[25] VO (EU) 2016/679; diese findet nach § 2 Abs. 2 d) keine Anwendung auf die Datenverarbeitung durch die zuständigen Behörden zum Zwecke der Verhütung, Ermittlung, Aufdeckung oder Verfolgung von Straftaten oder der Strafvollstreckung, einschließlich des Schutzes vor und der Abwehr von Gefahren für die öffentliche Sicherheit. Gleiches galt für die durch die DSGVO aufgehobene Datenschutzrichtlinie (RL (EU) 95/46/EG), siehe dort die Regelung in Art. 3 Abs. 2.

[26] Richtlinie (EU) 2016/680 des Europäischen Parlaments und des Rates vom 27. April 2016 zum Schutz natürlicher Personen bei der Verarbeitung personenbezogener Daten durch die zuständigen Behörden zum Zwecke der Verhütung, Ermittlung, Aufdeckung oder Verfolgung von Straftaten oder der Strafvollstreckung sowie zum freien Datenverkehr und zur Aufhebung des Rahmenbeschlusses 2008/977/JI des Rates (ABl. L 119 S. 89, ber. 2018 L 127 S. 9 und 2021 L 74 S. 36), im Folgenden JI-RL.

[27] Etwa EuGH, ZD 2014, S. 296 ff.; EuGH, NJW 2017, S. 717 ff.; EuGH, ZD 2021, S. 517 ff.

II. Erkenntnisziel und Gang der Untersuchung

Das Informationsrecht der Sicherheitsbehörden ist somit auf nationaler Ebene Anforderungen aus zwei Richtungen ausgesetzt. Indem es sich zugleich in das europäische Mehrebenensystem einzufügen und die aus den nationalen Grundrechten folgenden Beschränkungen zu wahren hat, bewegt es sich in einem Spannungsfeld europäischer Aufgabenwahrnehmung, mitgliedschaftlicher Souveränität und individueller Freiheit.[28]

Vor diesem Hintergrund sollen im Folgenden die Spielräume analysiert werden, die den nationalen Gesetzgebern in diesem Spannungsfeld verbleiben. Als Arbeitshypothese liegt zugrunde, dass sich in diesem Spannungsfeld rechtspolitische Disparitäten oder rechtsdogmatische Widersprüche ergeben. Soweit dies der Fall ist, wäre nach Ansätzen zu suchen, diese aufzulösen.

Um den gesetzgeberischen Spielraum und die verfassungs- und europarechtlichen Anforderungen im Bereich des Informationsrechts der Sicherheitsbehörden auszuloten, soll im Folgenden zunächst die Rechtsprechung des Bundesverfassungsgerichts zu diesem Bereich dargestellt und analysiert werden (B.).

Sodann soll der europarechtliche Rahmen des Informationsrechts der Sicherheitsbehörden einschließlich der Rechtsprechung des Europäischen Gerichtshofs ausgeleuchtet werden (C.), um schließlich einen Blick auf die Zuständigkeitsverteilung zwischen Bundesverfassungsgerichts und Europäischem Gerichtshof zu werfen (D).

Abschließend soll nach einer Zusammenfassung der gewonnenen Ergebnisse ein Ausblick auf die zu erwartende weitere Entwicklung des Informationsrechts der Sicherheitsbehörden gegeben werden (E.)

---

[28] Schöndorf-Haubold, Europäisches Verwaltungsrecht, § 35, Rn. 1.

B. Konstitutionalisierung des Informationsrechts der Sicherheitsbehörden

Der Befund einer Konstitutionalisierung des Informationsrechts der Sicherheitsbehörden wirft zunächst die Frage auf, warum es gerade in diesem Rechtsbereich zu einer so umfassenden verfassungsgerichtlichen Kontrolle der Gesetzgebungstätigkeit gekommen ist. Dieser Prozess, der in der rechtswissenschaftlichen Literatur deutlicher Kritik ausgesetzt ist,[29] lässt sich im Wesentlichen auf zwei verfassungsrechtliche Ausgangspunkte zurückführen.

I. Grundlagen

Ihre materielle Grundlage fand die Überprüfung sicherheitsbehördlicher Informationserhebungen schon früh im verfassungsgerichtlichen Verständnis des durch Art. 2 Abs. 1 GG gewährleisteten Grundrechts auf freie Entfaltung der Persönlichkeit.

1. Staatlicher Umgang mit Daten als Grundrechtseingriff

Dieses Grundrecht ergänzt nach dem Bundesverfassungsgericht als "unbenanntes" Freiheitsrecht die speziellen ("benannten") Freiheitsrechte, die – wie etwa das
Brief-, Post- und Fernmeldegeheimnis und die Unverletzlichkeit der Wohnung – ebenfalls konstituierende Elemente der Persönlichkeit sichern.[30] Seine Aufgabe sei es, im Sinne der Menschenwürde als oberstem Konstitutionsprinzips die engere persönliche Lebenssphäre und die Erhaltung ihrer Grundbedingungen zu gewährleisten, die sich durch die traditionellen konkreten Freiheitsgarantien nicht abschließend erfassen ließen; diese Notwendigkeit bestehe namentlich mit Blick auf moderne Entwicklungen und die mit ihnen verbundenen neuen Gefährdungen für den Schutz der menschlichen Persönlichkeit.[31]

---

[29] Etwa von Gärditz, EuGRZ 2018, 6 (21 f.); Lindner/Unterreitmeier, DÖV 2017, 90 (93); Möstl, DVBl. 2010, S. 808 ff.

[30] Siehe nur BVerfGE 54, 148 (153) = NJW 1980, 2070. Die Rechtsprechung des Bundesverfassungsgerichts wird im Folgenden aus der amtlichen Sammlung der Entscheidungen zitiert, soweit sie dort veröffentlicht ist; Parallelfundstellen werden nur beim ersten Zitat und nur bei Entscheidungen angegeben, die nicht in der Auflistung in der Anlage aufgeführt sind, in der jeweils Parallelfundstellen benannt sind.

Solche neuen Gefährdungen erkannte das Gericht sodann schon 1983 in der modernen Datenverarbeitung; unter deren Bedingungen gewährleiste das allgemeine Persönlichkeitsrecht auch die Befugnis des einzelnen, grundsätzlich selbst über die Preisgabe und Verwendung seiner persönlichen Daten zu bestimmen (Recht auf informationelle Selbstbestimmung), urteilte das Gericht im sog. Volkszählungsurteil.[32]

Damit stand fest, dass der informationellen Tätigkeit der Sicherheitsbehörden, soweit sie personenbezogen Daten betrifft, durchgängig die Qualität eines Grundrechtseingriffs beizumessen ist.[33] Einschränkungen dieses Rechts waren seither nur im überwiegenden Allgemeininteresse und aufgrund einer bereichsspezifischen und hinreichend bestimmten gesetzlichen Grundlage zulässig.[34]

2. Modifizierte Zulässigkeit der Rechtssatzverfassungsbeschwerde

Mit dem Volkszählungsurteil war somit zwar die umfassende Gesetzgebungstätigkeit im Bereich des Informationsrechts der Sicherheitsbehörden vorgezeichnet, nicht jedoch deren regelmäßige verfassungsgerichtliche Überprüfung.

Für eine solche standen und stehen zwar mit der abstrakten und konkreten Normenkontrolle nach Art. 93 Abs. 1 Nr. 2, 100 Abs. 1 GG Verfahrensarten zur Verfügung. Deren Inanspruchnahme durch die Regierungen, Parlamentsminderheiten und Gerichte hätte jedoch kaum die hohe

---

[31] BVerfGE 54, 148 (153); BVerfGE 65, 1 (41) = NJW 1984, 419 (421); zur Entwicklungsoffenheit des allgemeinen Persönlichkeitsrechts für den Schutz vor tatsächlichen oder mutmaßlichen neuen Gefährdungen auf Grund gesellschaftlicher oder technischer Entwicklung auch Di Fabio, Dürig/Herzog/Scholz, GG, Art. 2 Abs. 1, Rn. 127.

[32] BVerfGE 65, 1 (41 und Ls. 1 und 2) unter Bezugnahme auf und Weiterführung von BVerfGE 54, 148 (155), BVerfGE 27, 1 (6) = NJW 1969, 1707; BVerfGE 27, 344, (350 f.) = NJW 1970, 555; BVerfGE 32, 373 (379) = NJW 1972, 1123; BVerfGE 35, 202 (220) = NJW 1973, 1226; BVerfGE 44, 353 (372 f.) = NJW 1977, 1489 sowie BVerfGE 56, 37 (41 ff.) = NJW 1981, 1431; BVerfGE 63, 131 (142 f.) = NJW 1983, 1179.

[33] Dazu Möstl, Die staatliche Garantie, S. 209 f.; Mann/Fontana, JA 2013, 734 (736); Bäcker, HdB VerfR, § 28, Rn. 2 ff. mit Fn. 5; „folgenreich war ferner das nicht unmittelbar zum Sicherheitsrecht ergangene Volkszählungs-Urteil"); Schwabenbauer, HdB Polizeirecht, Abschn. G, Rn. 13 ff.

[34] BVerfGE 65, 1 (41 und Ls. 1 und 2).

Anzahl von Entscheidungen erwarten lassen, die in diesem Bereich festzustellen ist.[35]

Tatsächlich handelte es sich bei den Verfahren, die den Entscheidungen zugrunde lagen, ganz überwiegend um Verfassungsbeschwerden nach Art. 93 Abs. 1 Nr. 4a GG gegen die einschlägigen Gesetze.[36] Dies überrascht insoweit, als die Zulässigkeit von Individualverfassungsbeschwerden gegen Rechtssätze durch das Erfordernis einer gegenwärtigen und unmittelbaren Selbstbetroffenheit (§ 90 Abs. 1 BVerfGG) sowie durch die Subsidiarität der Verfassungsbeschwerde (§ 90 Abs. 2 BVerfGG) stark eingeschränkt ist.
Dass es gleichwohl zu der hohen Entscheidungsdichte kam, erklärt sich letztlich aus einer Wechselwirkung der von den Gesetzgebern häufig gewählten Regelungsstrukturen mit dem verfassungsgerichtlichen Verständnis der Zulässigkeit von Rechtssatzverfassungsbeschwerden.

a) Beschwerdebefugnis, gegenwärtige und unmittelbare Selbstbetroffenheit

Grundsätzlich ist ein Beschwerdeführer insoweit nach Art. 93 I Nr. 4a GG, § 90 I BVerfGG[37] nur dann beschwerdebefugt, wenn eine Grundrechtsverletzung durch den angegriffenen Akt öffentlicher Gewalt – hier also das Gesetz – zumindest möglich erscheint und er durch diesen Akt selbst, unmittelbar und gegenwärtig betroffen ist.[38]

---

[35] Nach der Verfahrensstatistik des Bundesverfassungsgerichts für die Zeit von 1951 bis 2020 (abzurufen unter https://www.bundesverfassungsgericht.de/DE/Verfahren/Jahresstatistiken/2020/gb2020/A-I-1.pdf? blob=publicationFile&v=2 (17.04.2023)) entfielen in diesem Zeitraum nur 1,57 % der Verfahrenseingänge auf abstrakte und konkrete Normenkontrollverfahren, auf Verfassungsbeschwerden dagegen ein Anteil von 96,48 %. Zu Zahl und Verfahrensarten der verfassungsgerichtlichen Entscheidungen im Bereich des Informationsrechts der Sicherheitsbehörden siehe die Auslistung im Anhang.

[36] Siehe die im Anhang unter I. aufgeführten Entscheidungen.

[37] Zur traditionellen Auslegung der Norm durch das Bundesverfassungsgericht nur BVerfGE 68, 319 (325 f.) = NJW 1985, 2185 ff.; BVerfGE 71, 305 (335 ff.) = NJW 1986, 1483 ff.; BVerfGE 74, 69 (74) = NJW 1987, 573 ff.; BVerfGE 97, 157 (165) = NJW 1998, 1385 ff.; BVerfGE 123, 148 (172) =NVwZ 2009, 1217 ff.; BVerfGE 134; 138, 261 (271) = NVwZ 2015, 582; BVerfGE 143, 246 (321) = NJW 2017, 217 ff.

[38] Dazu die Nachweise in Fn. 37 und für das Informationsrecht der Sicherheitsbehörden als Beschwerdegegenstand exemplarisch BVerfGE 156, 11 (32) m.w.N.

Während die Möglichkeit einer Grundrechtsverletzung bei Regelungen über Informationseingriffe der Sicherheitsbehörden mit Blick auf das Recht auf informationelle Selbstbestimmung zumeist gegeben ist, fehlt es bei diesen als Rechtssätzen immer dann an der unmittelbaren und gegenwärtigen Selbstbetroffenheit, wenn diese – rechtsnotwendig oder auch nur nach der tatsächlichen staatlichen Praxis – exekutiver Vollzugsakte bedürfen, die vom Willen der vollziehenden Stelle abhängen, die damit die Rechtswirkungen für den jeweiligen Beschwerdeführer erst aktualisiert.
In diesem Fall muss grundsätzlich zunächst dieser Vollzugsakt angegriffen und der gegen ihn eröffneten Rechtsweg erschöpft werden,[39] bevor zulässiger Weise Verfassungsbeschwerde erhoben werden kann.[40]

Diesen Grundsatz hält das Bundesverfassungsgericht allerdings in solchen Fällen nicht aufrecht, in denen der Beschwerdeführer den Rechtsweg deshalb nicht beschreiten kann, weil er keine Kenntnis von der aufgrund der Regelung getroffenen Maßnahme erlangt;[41] gleiches gilt, wenn eine nachträgliche Bekanntgabe der Maßnahme zwar vorgesehen ist, von dieser aber aufgrund weitreichender Ausnahmetatbestände auch langfristig abgesehen werden kann oder wenn Auskunftsansprüche zwar vorhanden, aber ebenfalls mit solchen Ausnahmetatbeständen versehen sind.[42] Die Möglichkeit, eine Verfassungsbeschwerde unmittelbar gegen ein Gesetz zu erheben, das zu heimlichen Maßnahmen berechtigt, entfällt somit nach der verfassungsgerichtlichen Rechtsprechung in der Regel nur dann, wenn die Betroffenen durch eine aktive Informationspflicht des Staates rechtlich gesichert von der Maßnahme später Kenntnis erlangen.[43]

---

[39] Dieses Erfordernis kann auch als Rechtswegerschöpfung im weiteren Sinne bezeichnet werden; zu der aus § 90 Abs. 2 S. 2 BVerfGG folgenden Anforderung der Rechtswegerschöpfung im engeren Sinne sogleich unten unter 2.

[40] So die st. Rspr., siehe nur BVerfGE 1, 97 (101 ff.) = NJW 1952, 297; BVerfGE 109, 279 (306); BVerfGE 156, 11 (32).

[41] Erstmals BVerfGE, NJW 1971, 275 (Ls. 1); sodann st. Rspr., etwa BVerfGE 100, 313 (354 f.); BVerfGE 133, 277 (312), BVerfGE 150, 309 (324 f.); BVerfGE 156, 11 (32).
[42] BVerfGE 133, 277 (312), BVerfGE 150, 309 (324 f.); BVerfGE 156, 11 (32).

[43] BVerfGE 156, 11 (33); BVerfGE 133, 277 (312).

Da viele der angegriffenen Regelungen über Informationseingriffe der Sicherheitsbehörden verdeckte Datenerhebungen und/oder –verarbeitungen ermöglichten oder Zugriffe auf Daten bei Dritten vorsahen, von denen die Betroffenen nicht mit der verlangten rechtlichen Sicherheit davon erfuhren, waren diese Voraussetzungen für eine exzeptionelle Zulässigkeit der Rechtssatzungsverfassungsbeschwerde regelmäßig gegeben.

Ähnlich großzügig verfährt das Bundesverfassungsgericht in diesen Fällen hinsichtlich des Erfordernisses der Selbstbetroffenheit: Wenn der Beschwerdeführer keine verlässliche Kenntnis von den Vollzugsakten erlangt, soll die Darlegung genügen, mit einiger Wahrscheinlichkeit von solchen Maßnahmen berührt zu werden.[44] Mit Blick auf die Aufgaben der Sicherheitsbehörden mildert das Gericht die Darlegungslast insoweit weiter ab, als zum Beleg der Selbstbetroffenheit keine Ausführungen erforderlich sind, durch die sich der Beschwerdeführer selbst einer Straftat bezichtigen oder behaupten müsste, für sicherheitsgefährdende oder nachrichtendienstlich relevante Aktivitäten verantwortlich zu sein.[45] Auch diese Schwelle war daher für die Beschwerdeführer regelmäßig zu überwinden.

Hinsichtlich der Gegenwärtigkeit der Betroffenheit ist es nach dem Bundesverfassungsgericht schließlich nicht erforderlich, dass die in der angegriffenen Norm geregelte Informationsverarbeitung bereits zur Anwendung kommt oder entsprechende Maßnahmen bereits getroffen werden; dies gilt zumindest, solange die Vollzugsinstanzen nicht vortragen, die entsprechende(n) Befugnis(se) endgültig nicht (mehr) nutzen zu wollen.[46] Für die Zulässigkeit einer Rechtssatzverfassungsbeschwerde

---

[44] BVerfGE 133, 277 (312) = NJW 2013, 1499, BVerfGE 150, 309 (324 f.); so auch BVerfGE 156, 11 (32 f.).

[45] BVerfGE 130, 151 (176 f.); BVerfGE 133, 277 (312), BVerfGE 150, 309 (324 f.); BVerfG 155, 119 (158 f.); BVerfGE 156, 11 (33).

[46] BVerfGE 156, 11 (33 f.) unter Verweis auf BVerfGE 64, 301 [319] = NJW 1984, 165; so implizit auch BVerfG, NJW 2023, 1196 ff.: Die Verfassungsbeschwerde hatte Ermächtigungsgrundlagen für eine automatisierte polizeiliche Datenanalyse in Hessen und Hamburg zum Gegenstand, die in Hamburg mangels Beschaffung einer entsprechenden Software jedoch noch nicht zum Einsatz kam. Dies stand der Zulässigkeit nicht im Wege.

reicht(e) daher die *rechtliche* Möglichkeit der ermächtigten Behörden, von der angegriffenen gesetzlichen Befugnis Gebrauch zu machen.

b) Subsidiarität

Auch die Subsidiarität der Verfassungsbeschwerde nach § 90 Abs. 2 BVerfGG[47] stand der Zulässigkeit in den hier zugrundeliegenden Verfahren regelmäßig nicht im Wege. Zwar sind nach dem Bundesverfassungsgericht auch vor der Erhebung von Rechtssatzverfassungsbeschwerden grundsätzlich alle Mittel zu ergreifen, die der geltend gemachten Grundrechtsverletzung abhelfen könn(t)en. Zu den zumutbaren Rechtsbehelfen kann insoweit insbesondere die Erhebung einer Feststellungs- oder Unterlassungsklage gehören, die eine fachgerichtliche Klärung entscheidungserheblicher Tatsachen- oder Rechtsfragen des einfachen Rechts ermöglicht.[48]

Dies soll jedoch nicht gelten, wenn es allein um die sich unmittelbar aus der Verfassung ergebenden Grenzen für die Auslegung der Normen geht. Soweit die Beurteilung einer Norm allein spezifisch verfassungsrechtliche Fragen aufwerfe, ohne dass von einer vorausgegangenen fachgerichtlichen Prüfung substantiell verbesserte Entscheidungsgrundlagen zu erwarten wären, bedürfe es einer vorangehenden fachgerichtlichen Entscheidung nicht;[49] eine Pflicht zur Anrufung der Fachgerichte entfalle auch, wenn sie sich aus sonstigen Gründen als unzumutbar erweise.[50]

---

[47] Also die Rechtswegerschöpfung im engeren Sinne, dazu schon oben Fn. 39.

[48] Vgl. nur BVerfGE 150, 309 (326 ff.) = BeckRS 37208 (Rn. 40 ff. m.w.N.; Passagen nicht abgedruckt in NJW 2019, 842 ff.).

[49] BVerfGE 123, 148 (172 f.) = NVwZ 2009, 1217; BVerfGE 143, 246 (322) = NJW 2017, 217, Rn. 211; BVerfGE 150, 309 (326 ff.) = BeckRS 37208 (Rn. 45); etwas strenger hinsichtlich der Darlegungslast jüngst für die Geltendmachung einer gesetzgeberischen Schutzpflichtverletzung BVerfGE 158, 170 ff. = ZD 2021, 685 (688 ff.).

[50] Weil etwa die angegriffene Regelung zu gewichtigen Dispositionen zwinge, die unumkehrbar seien (BVerfGE 43, 291 (386) = NJW 1977, 569; BVerfGE 60, 360 (372) = NJW 1982, 2551), die Anrufung der Fachgerichte offensichtlich aussichtslos wäre (BVerfGE 55, 154 (157) = NJW 1981, 1313; BVerfGE 65, 1 (37 f.); 102, 197 (208) = NVwZ 2001, 790, oder der Beschwerdeführer zunächst ein Straf- oder Bußgeldverfahren gegen sich ergehen lassen müsste, um die Verfassungswidrigkeit der Norm geltend machen zu können (vgl. BVerfGE 81, 70 (82 f.) = NJW 1990, 1349; BVerfGE 97, 157 (165) = NJW 1998, 1385; BVerfGE 138, 261 (271 f.) = NVwZ 2015, 582.

II. Rechtsprechung des Bundesverfassungsgerichts

Das Volkszählungsurteil und die prozessualen Besonderheiten für die Zulässigkeit entsprechender Verfassungsbeschwerden eröffneten dem Gericht somit den Raum für umfassende Konkretisierungen der verfassungsrechtlichen Anforderungen an informationelle Ermächtigungen der Sicherheitsbehörden. Zuständig war nach § 14 Abs. 1 BVerfGG regelmäßig der zur Entscheidung über Individualverfassungsbeschwerden berufene Erste Senat des Gerichts.[51]

1. Differenzierter grundrechtlicher Schutz der Privatheit als Ausgangspunkt

Dieser differenzierte die verfassungsrechtlichen Anforderungen an informationelle Ermächtigungen der Sicherheitsbehörden anhand des durch die jeweilige Ermächtigung betroffenen Grundrechts aus.[52] Der Schutz der durch solche Ermächtigungen tangierten Privatheit wird im Grundgesetz mit dem Brief-, Post- und Fernmeldegeheimnis (Art. 10 GG)[53] der Unverletzlichkeit der Wohnung (Art. 13 GG),[54] dem Allgemeinen Persönlichkeitsrecht und dem Recht auf informationelle Selbstbestimmung[55] als dessen Ausprägung durch mehrere spezielle Grundrechte gewährleistet.[56] Letzteres entwickelte das Gericht 2008 mit Blick auf den technischen Fortschritt und den Wandel der Lebensverhältnisse erneut weiter: Die weite Verbreitung informationstechnischer Systeme und ihre zentrale Bedeutung für die individuelle Lebensgestaltung vieler Menschen verlange es, den Schutz des Allgemeinen Persönlichkeitsrechts auf die Vertraulichkeit und Integrität informationstechnischer Systeme auszudehnen.[57]

---

[51] Nach der Geschäftsverteilung waren innerhalb des Senats in dem hier in den Blick genommenen Zeitraum die Richter/innen Hoffmann-Riem, Masing und Britz für die Materie zuständig.

[52] Dazu im Einzelnen auch Schwabenbauer, HdB Polizeirecht, Abschn. G, Rn. 62 ff.

[53] Etwa in BVerfGE 100, 313 ff.; BVerfGE 113, 348 ff.; BVerfGE 154, 152.

[54] Vor allem in BVerfGE 109, 279 ff.

[55] Etwa in BVerfGE 120, 378 ff.; BVerfGE 141, 220 ff.

[56] Anders die Grundrechtecharta der Europäischen Union, die diesen Schutz in Art. 7 (Achtung des Privat- und Familienlebens) und Art. 8 (Schutz personenbezogener Daten) konzentriert.

[57] BVerfGE 120, 274 ff. (Online-Durchsuchung nach dem VerfassungsschutzG NRW).

In den frühen Entscheidungen zu den informationellen Befugnissen der Sicherheitsbehörden bildeten zunächst vor allem das Brief-, Post- und Fernmeldegeheimnis (Art. 10 GG)[58] und die Unverletzlichkeit der Wohnung (Art. 13 GG)[59] den grundrechtlichen Maßstab. Ab Mitte der 2000er Jahre rückten das Recht auf informationelle Selbstbestimmung und dann auch das Recht auf Vertraulichkeit und Integrität informationstechnischer Systeme in den Vordergrund.[60]

Obwohl sich alle Entscheidungen auf Ermächtigungen zu verdeckten informationelle Maßnahmen von Sicherheitsbehörden bezogen, lassen sie sich insofern zunächst vor allem als solche zu den speziellen Anforderungen an einen spezifischen Informationseingriff in das jeweils maßstäbliche Grundrecht lesen, die zudem mit Blick auf die konkreten Aufgaben der jeweils ermächtigten Behörde bestimmt wurden.

Die Entscheidungen weisen allerdings hinsichtlich der verfassungsrechtlichen Maßstäbe von Beginn an Gemeinsamkeiten im Hinblick auf den grundrechtlichen Gesetzesvorbehalt und den Verhältnismäßigkeitsgrundsatz auf.

2. Gesetzesvorbehalt und Verhältnismäßigkeit als übergreifende Maßstäbe

Einheitliche Vorgaben resultieren zunächst aus dem Vorbehalt des Gesetzes, der nach dem Verständnis des Gerichts[61] vom Gesetzgeber allgemein verlangt, alle wesentlichen Fragen – insbesondere solche, die für die Grundrechtsverwirklichung von Bedeutung sind[62] – selbst zu regeln (sog. Wesentlichkeitstheorie).

---

[58] So in BVerfGE 100, 313 ff.

[59] BVerfGE 109, 279 ff.

[60] Z.B. in BVerfGE 120, 378 ff. und BVerfGE 120, 274 ff.

[61] Siehe etwa BVerfGE 40, 237 (249 m.w.N.) = NJW 1976, 34; BVerfGE 49, 89 (126 f.) = NJW 1979, 359; BVerfGE 84, 212 (226) = NVwZ 1991, 1072; BVerfGE 83, 130 (142 ff.) = NJW 1991, 1471; BVerfGE 95, 267 (307 f.) = NJW 1997, 1975.

[62] Dazu nur BVerfGE 47, 46 (80) = NJW 1978, 807; BVerfGE 49, 89 (127); BVerfGE 98, 218 (252 ff.) = NJW 1998, 2515.

a) Bereichsspezifische, hinreichend bestimmte und normenklare gesetzliche Grundlage

Bereits im Volkszählungsurteil hatte das Gericht dies für informationelle Eingriffe zudem dahingehend konkretisiert, dass die Ermächtigungsgrundlage bereichsspezifisch gefasst und hinreichend bestimmt sein muss.[63] Für verdeckte Informationseingriffe der Sicherheitsbehörden verlangt das Gericht nunmehr insbesondere, dass Anlass, Zweck und Reichweite des Eingriffs konkret und normenklar gesetzlich vorgegeben werden. Die Ermächtigung muss insoweit so bestimmt sein, dass die adressierten Behörden durch die rechtlichen Voraussetzungen und Vorgaben („Eingriffsschwellen") angeleitet und begrenzt werden sowie die potentiell Betroffenen in die Lage versetzt werden, mögliche Maßnahmen gegen sie abschätzen zu können.[64] Dies sei umso wichtiger, als Rechtsschutz bei verdeckten sicherheitsbehördlichen Maßnahmen regelmäßig nur eingeschränkt zur Verfügung stehe und die demokratietheoretisch gebotene parlamentarische und gesellschaftliche Kontrolle in diesem Bereich zumindest reduziert sei.[65]

Die gesetzliche Bestimmung des Zwecks der Maßnahme ist schließlich mit Blick auf den ebenfalls bereits seit dem Volkszählungsurteil übergreifend geltenden Grundsatz der Zweckbindung von Datenerhebungen von Bedeutung.[66]

b) Verhältnismäßigkeit der Ermächtigungsnorm(en)

Über diese Anforderungen hinaus instrumentalisierte des Bundesverfassungsgericht zudem einheitlich den rechtsstaatlichen Grundsatz der

---

[63] BVerfGE 65, 1 (46).

[64] BVerfGE 113, 348 (375 ff.); BVerfGE 120, 378 (407 f.); BVerfGE 133, 277 (336); BVerfGE 141, 220 (265).

[65] BVerfGE 113, 348 (375 ff.); BVerfGE 120, 378 (408); BVerfGE 133, 277 (336 f.); BVerfGE 141, 220 (265); BVerfGE 155, 119 (177); BVerfGE 156, 11 (44 f.).

[66] BVerfGE 65, 1, (47 ff.) und sodann BVerfGE 100, 313 (360 f.); BVerfGE 109, 279 (375 ff.); BVerfGE 110, 33 (73); BVerfGE 120, 351 (368 f.); BVerfGE 125, 260 (333); BVerfGE 130, 1 (33 f.); BVerfGE 133, 277 (372 ff.); BVerfGE 141, 220 (324).

Verhältnismäßigkeit[67] als übergreifenden Prüfungsmaßstab für gesetzliche Ermächtigungen der Sicherheitsbehörden zu verdeckten informationellen Eingriffen.[68] Diese mussten also für den intendierten Zweck jeweils geeignet, erforderlich (Fehlen eines milderen Mittels) und angemessen (Proportionalität von Zweck und Mittel) sein.[69] Insoweit leitete es insbesondere aus der – auch als Verhältnismäßigkeit im engeren Sinne bezeichneten – Angemessenheit ein ganzes Bündel formeller und materieller Anforderungen ab, denen die Gesetzgeber zu entsprechen haben.[70]

---

[67] Dazu allgemein etwa BVerfGE 50, 217 (227) = NJW 1979, 1345; BVerfGE 80, 103 (107) = NJW 1989, 1985; BVerfGE 99, 202 (212 ff.) = NJW 1989, 935, näher Grzeszick, Dürig/Herzog/Scholz, GG, Art. 20, Rn. 119 ff., zur Kritik der Literatur an diesem Maßstab die Nachweise ebenda, Rn. 120, Fn. 6.

[68] Etwa BVerfGE 120, 274 (318 f.); BVerfGE 125, 260 (316); BVerfGE 141, 220 (265) jeweils m.w.N.

[69] Dazu jeweils im Einzelnen näher Grzeszick, Dürig/Herzog/Scholz, GG, Art. 20, Rn. 114, 115 ff., 119 ff.

[70] Beispielhaft BVerfGE 141, 220 (265, 267 f., 290 f) sowie die Kritik hieran in den abweichenden Meinungen der Richter Eichberger (354 f.) und Schluckebier (365); siehe auch BVerfGE 120, 274 (318 ff.); BVerfGE 125, 260 (316).

3. Die verfassungsrechtlichen Anforderungen an Informationseingriffe der Sicherheitsbehörden im Einzelnen

Auf dieser Grundlage unterzog das Gericht zwischen 1999 und 2023 in mehr als zwei Dutzend Verfahren[71] gesetzliche Ermächtigungen der Sicherheitsbehörden zu informationellen Eingriffen einer Prüfung, wobei zunächst vor allem einzelne Instrumente – wie der „große Lauschangriff", die präventive Telekommunikationsüberwachung oder der Einsatz von Kennzeichenlesesystemen[72] – angegriffen waren. Später kamen auch Verfassungsbeschwerden hinzu, in denen jeweils eine größere Zahl informationeller Befugnisnormen aus einem ganzen Gesetzeswerk zur Prüfung gestellt wurde.[73]

Während der Verhältnismäßigkeitsgrundsatz zwar in den Entscheidungen einheitlich den zentralen Prüfungsmaßstab bildete, variierten doch seine Maßstäbe – infolge der im Kriterium der Angemessenheit angelegten Notwendigkeit einer Abwägung – nach der Intensität des Grundrechtseingriffs, zu dem die zu beurteilende Norm ermächtigte. Insoweit arbeitete das Gericht sukzessive Kriterien heraus, anhand derer sich die Eingriffsintensität von informationellen Eingriffsbefugnissen der Sicherheitsbehörden bestimmen lässt.

a) Kriterien zur Bestimmung der Eingriffsintensität

Die Darlegungen des Gerichts zum Eingriffsgewicht[74] greifen zunächst wiederkehrend auf Formulierungen zurück, die sich schon im Volkszählungsurteil finden. Der typische Einleitungssatz lautet: „Generell wird das Gewicht eines Eingriffs in die informationelle Selbstbestimmung

---

[71] Siehe die Auflistung der Entscheidungen im Anhang.

[72] BVerfGE 109, 279 ff.; BVerfGE 113, 348 ff.; BVerfGE 120, 378 ff.

[73] So z.B. in BVerfGE 141, 220 ff. (BKA-G); BVerfG, NJW 2022, 1583 ff. (Bayr. VerfassungsschutzG), BVerfG, GSZ 2032, 98 ff. (PolizeiG M-V).

[74] Dazu auch eingehend Schwabenbauer, HdB Polizeirecht, Abschn. G, Rn. 119 ff.

vor allem durch Art, Umfang und denkbare Verwendung der Daten sowie die Gefahr ihres Missbrauchs bestimmt."[75]

Sodann wird regelmäßig weiter ausgeführt,[76] es sei von Bedeutung, wie viele Grundrechtsträger wie intensiven Beeinträchtigungen ausgesetzt seien und unter welchen Voraussetzungen diese geschehen, insbesondere ob diese Personen hierfür einen Anlass gegeben hätten. Maßgebend seien also die Zahl der Betroffenen und die Intensität der individuellen Beeinträchtigung im Übrigen. Für das Gewicht der individuellen Beeinträchtigung sei es erheblich, ob die Betroffenen als Personen anonym blieben, welche persönlichkeitsbezogenen Informationen erfasst würden und welche Nachteile den Grundrechtsträgern aufgrund der Maßnahmen entstünden oder von ihnen nicht ohne Grund befürchtet würden. Dabei führe insbesondere die Heimlichkeit einer staatlichen Eingriffsmaßnahme zur Erhöhung ihrer Intensität, ebenso wie die faktische Verwehrung vorherigen Rechtsschutzes und die Erschwerung nachträglichen Rechtsschutzes, wenn ein solcher überhaupt zu erlangen sei.[77]

Legt man diese typischen allgemeinen Feststellungen des Gerichts zugrunde, lassen sich die angewandten Kriterien zur Bestimmung des Eingriffsgewichts letztlich in qualitative, quantitative und modale Kriterien unterteilen.[78]

In qualitativer Hinsicht spielt vor allem die Zugehörigkeit oder Nähe der (potentiell) zu erhebenden oder zu nutzenden Informationen zur Privatsphäre[79] der Betroffenen eine Rolle. Je tiefer die sicherheitsbehördliche Erhebung und/oder Verarbeitung von Informationen in Bezug auf

---

[75] BVerfGE 156, 11 (48 f.); BVerfG BeckRS 2023, 1828, Rn. 76 jeweils m.w.N. und unter Verweis auf BVerfGE 61, 1 (48 f.).

[76] Zum folgenden BVerfGE 156, 11 (48 f.); BVerfG BeckRS 2023, 1828, Rn. 76; BVerfGE 100, 313 (376); BVerfGE 115, 320 (353); BVerfGE 141, 220 (265) jeweils m.w.N.

[77] Nachweise siehe vorherige Fußnote.

[78] Allerdings ohne dass inhaltlich eine randscharfe Abgrenzung zwischen diesen drei Gruppen möglich wäre; etwas abweichend die Unterteilung bei Schwabenbauer, HdB Polizeirecht, Abschn. G, Rn. 119 ff.

[79] Die Privatsphäre ist nach dem BVerfG seit jeher Teil des Schutzbereichs des allgemeinen Persönlichkeitsrechts, siehe etwa BVerfGE 90, 255 (260) = NJW 1995, 1015: „Eine solche Sphäre wird durch das allgemeine Persönlichkeitsrecht begründet. Art. 2 Abs. 1 GG gewährleistet die freie

die Art der avisierten Daten in diese Sphäre, also den Raum, in dem der einzelne üblicherweise unbeobachtet sich selbst überlassen ist, eingreift, desto höher ist das Eingriffsgewicht.[80]
Da sich der Schutz der Privatsphäre insbesondere auch auf vertrauliche Kommunikation erstreckt,[81] steigert des Weiteren die potentielle Einbeziehung entsprechender Kommunikationsbeziehungen in sicherheitsbehördliche Informationserhebungen und –verarbeitungen das Eingriffsgewicht.[82]

In quantitativer Hinsicht ist zum einen die Zahl der in eine sicherheitsbehördliche Informationserhebung oder -verarbeitung potentiell einbezogenen Personen („Streubreite") von Bedeutung für die Eingriffsintensität, zum anderen aber auch die Dauer und Intensität der Maßnahme in Bezug auf die einzelnen betroffenen Personen. Eine das Eingriffsgewicht erhöhende große Streubreite sieht das Gericht[83] dann, wenn zahlreiche Personen in den Wirkungsbereich einer Maßnahme einbezogen werden, die in keiner Beziehung zu einem konkreten Fehlverhalten stehen und den Eingriff durch ihr Verhalten nicht veranlasst haben. Der Einzelne ist danach in seiner grundrechtlichen Freiheit umso intensiver betroffen, je weniger er selbst für einen staatlichen Eingriff Anlass gegeben hat.

Entfaltung der Persönlichkeit. Zu den Bedingungen der Persönlichkeitsentfaltung gehört es, daß der einzelne einen Raum besitzt, in dem er unbeobachtet sich selbst überlassen ist oder mit Personen seines besonderen Vertrauens ohne Rücksicht auf gesellschaftliche Verhaltenserwartungen und ohne Furcht vor staatlichen Sanktionen verkehren kann. Aus der Bedeutung einer solchen Rückzugsmöglichkeit für die Persönlichkeitsentfaltung folgt, daß der Schutz des Art. 2 Abs. 1 i.V.m Art. 1 GG auch die Privatsphäre umfaßt (vgl. BVerfGE 27, 1 (6) = NJW 1969, 1707; st. Rspr.)".

[80] Siehe BVerfGE 100, 313 (358 ff.); BVerfGE 107, 299 (312 ff.); BVerfGE 110, 33 (52 ff.); BVerfGE 113, 348 (364 ff.); BVerfGE 115, 320 (341 ff.); BVerfGE 125, 260 (316 ff.); BVerfGE 133, 277 (335 ff.); dazu auch Schwabenbauer, HdB Polizeirecht, Abschn. G, Rn. 62, 111 ff.

[81] So schon BVerfGE 90, 255 (260): „Am Schutz der Privatsphäre nimmt auch die vertrauliche Kommunikation teil. Gerade bei Äußerungen gegenüber Familienangehörigen und Vertrauenspersonen steht häufig weniger der Aspekt der Meinungskundgabe und die damit angestrebte Einwirkung auf die Meinungsbildung Dritter als der Aspekt der Selbstentfaltung im Vordergrund."

[82] BVerfG, BeckRS 2022/41609, Rn. 102 (Passage in GSZ 2023, 98 ff. nicht abgedruckt); BVerfGE 141, 220 (276), zu der daraus resultierenden absoluten Schranke des Kernbereichs privater Lebensgestaltung sogleich unter cc).

[83] Erstmals in BVerfGE 100, 313 (376, 392), sodann etwa in BVerfGE 107, 299 (320 f.); BVerfGE 109, 279 (353); BVerfGE 113, 29 (53); BVerfGE 113, 348 (383); siehe auch Schwabenbauer, HdB Polizeirecht, Abschn. G, Rn. 132.

Von solchen Eingriffen könnten ferner Einschüchterungseffekte ausgehen, die zu Beeinträchtigungen bei der Ausübung von Grundrechten führen könnten.[84] Ein von der Grundrechtsausübung abschreckender Effekt – so die weitere Begründung – müsse nicht nur zum Schutze der subjektiven Rechte der betroffenen Einzelnen vermieden werden; auch das Gemeinwohl werde dadurch beeinträchtigt, weil Selbstbestimmung eine elementare Funktionsbedingung eines auf Handlungs- und Mitwirkungsfähigkeit seiner Bürger gegründeten freiheitlichen demokratischen Gemeinwesens sei.[85] Es gefährde die Unbefangenheit des Verhaltens, wenn die Streubreite von Ermittlungsmaßnahmen dazu beitrage, dass Risiken des Missbrauchs und ein Gefühl des Überwachtwerdens entstehen.[86]
Bezogen auf die einzelnen Betroffenen bestimmt sich darüber hinaus das Eingriffsgewicht anhand der Dauer und des Umfangs der jeweiligen Überwachungsmaßnahme. Je länger der Zeitraum ist, über den sich eine Überwachung erstreckt und je umfassender etwa Bewegungen und Lebensäußerungen des Betroffenen registriert werden, desto schwerer wiegt der Eingriff.[87]

Hinsichtlich der Modi der Informationserhebung steigert zunächst die Verdecktheit bzw. Heimlichkeit einer Maßnahme per se deren Eingriffsintensität.[88] Zusätzliches Gewicht entsteht durch den Einsatz technischer Mittel, mit deren Hilfe Wahrnehmungshürden überwunden werden oder die Verarbeitung großer komplexer Datenbestände möglich wird.[89] Eingriffsintensivierend wirkt zudem die Ausnutzung schutzwür-

---

[84] So schon das Volkszählungsurteil, BVerfGE 65, 1 (42), sodann etwa BVerfGE 113, 29 (46).

[85] BVerfGE 113, 29 (46).

[86] BVerfGE 107, 299 (328); dazu auch Schwabenbauer, HdB Polizeirecht, Abschn. G, Rn. 125, 134.

[87] BVerfGE 109, 279 (323); BVerfGE 112, 304 (319 f.); BVerfGE 130, 1 (24); BVerfGE 141, 220 (280 f.).

[88] In Bezug auf polizeiliche Informationserhebung besonders deutlich BVerfGE 133, 277, 328 f.: „Eine Geheimpolizei ist nicht vorgesehen."

[89] BVerfG BeckRS 2023, 1828, Rn. 69 ff.; BVerfGE 120, 274 (375); BVerfG NJW 2022, 1583 (1610).

digen Vertrauens in die Identität und Motivation eines Kommunikationspartners;[90] gleiches gilt schließlich für das Risiko bzw. die Wahrscheinlichkeit, Folgemaßnahmen ausgesetzt zu sein.[91]

b) Anforderungen an Eingriffsschwellen, Schutzgüter und Adressaten

In Anwendung dieser Kriterien differenziert das Bundesverfassungsgericht die Anforderungen an informationelle Eingriffe der Sicherheitsbehörden nach dem jeweiligen Eingriffsgewicht. Den Entscheidungen lässt sich insoweit eine Abstufung zwischen Maßnahmen geringer, mittlerer, hoher und höchster Intensität entnehmen.[92] Die Einordnung in eine dieser „Intensitätsstufen" ist – auch wenn sie nicht immer in dieser Form systematisch bzw. explizit erfolgt (ist) – (gedankliche) Grundlage für die aus dem Verhältnismäßigkeitsgrundsatz abzuleitenden Anforderungen an Anlass, Zweck und zulässiger Reichweite der zu prüfenden Ermächtigungsgrundlage.

aa) Zuordnung zu „Intensitätsstufen"

In die höchste Stufe sind aus dem derzeitigen Bestand des Eingriffsinstrumentariums der „große Lausch- und/oder Spähangriff" (Datenerhebung mit technischen Mittel in oder aus Wohnungen) und die sog. Online-Durchsuchung (das Auslesen und/oder Überwachung informationstechnischer Systeme mittels verdeckt eingesetzter Software) einzuordnen.[93] Je nach Komplexität und „Lernfähigkeit" der verwendeten Algorithmen sowie des Umfangs und der Sensibilität der einbezogenen

---

[90] Dazu insbesondere BVerfGE 120, 274 (375); BVerfG NJW 2022, 1583 (1610).

[91] Zum Ganzen BVerfGE 107, 299 (318 ff.); BVerfGE 109, 279 (353 ff.); BVerfGE 113, 348 (382 ff.); BVerfGE 115, 320 (347 ff.); BVerfGE 118, 168 (169 ff.); BVerfGE 120, 274 (322 ff.); BVerfGE 125, 260 (318 ff.); BVerfGE 141, 220 (268 ff.).

[92] Besonders deutlich in diesem Sinne BVerfGE 141, 220 (268 ff.); dazu und zum Folgenden auch Bäcker, HdB VerfR, § 28, Rn. 93 ff.

[93] BVerfGE 109, 279 (353); BVerfGE 120, 274 (322 ff.); BVerfGE 141, 220 (304).

Daten kann auf dieser Stufe auch der Einsatz von Systemen zur automatisierten Datenanalyse zu verorten sein.[94]

Den Eingriffen hoher Intensität sind die verschiedenen Formen der Telekommunikationsüberwachung und der Einsatz verdeckter Ermittler zuzuordnen, aber auch längerfristige Bild- und Tonaufzeichnungen außerhalb von Wohnungen.[95]

Beispiele für eine mittlere Eingriffsintensität bilden etwa die Videoüberwachung öffentlich zugänglicher Räume, der Einsatz automatischer Kennzeichenlesesysteme und die Erhebung von Kontoinhalten und –bewegungen.[96]

Von geringer Eingriffsintensität ist schließlich etwa die systematische, aber nicht automatisiert analysierte – also gleichsam manuelle – Erhebung und Auswertung öffentlich zugänglicher personenbezogener Daten („Internetstreife“) sowie die Erhebung von Kontostammdaten.[97]

bb) Anlass und Zweck des informationellen Eingriffs

Für die Verhältnismäßigkeit entsprechender Eingriffsermächtigungen müssen nunmehr in Abhängigkeit von der Einstufung der Eingriffsintensität jeweils ein tragfähiger Eingriffsanlass sowie ein angemessener Eingriffszweck geregelt sein.[98] Der Zweck muss also im Schutz hinreichend gewichtiger Rechtsgüter bestehen und
der Anlass – also die den sicherheitspolitischen Informationsbedarf begründende tatsächliche Situation – muss ausreichend belastbar sein. Als

---

[94] BVerfG BeckRS 2023, 1828, Rn. 75 ff.

[95] BVerfGE 113, 348 (382 ff.); BVerfGE 129, 208 (240); BVerfGE 141, 220 (310).

[96] BVerfGE 150, 244 (283 f.); BVerfGE 120, 274 (347 f.); BVerfG NVwZ 2007, 688 (691), auch wenn hier bezüglich der Videoüberwachung von einem "intensiven Eingriff" die Rede ist, fügt sich die – nicht verdeckte – Maßnahme mit Blick auf die Kriterien noch in diese Stufe.

[97] BVerfGE 120, 274 (344 f.); BVerfGE 120, 351 (361 f.); BVerfGE 118, 168 (198 f.).

[98] Dazu auch Schwabenbauer, HdB Polizeirecht, Abschn. G, Rn. 176 ff. Zur unabhängig von der Eingriffsintensität bestehenden Pflicht des Gesetzgebers, Anlass, Zweck und Reichweite des Eingriffs hinreichend bestimmt und normenklar vorzugeben oben 2. a).

Referenz für die Beurteilung dieser Frage dienen dem Bundeverfassungsgericht die traditionellen Eingriffsschwellen des Sicherheitsrechts, also die konkrete Gefahr für die öffentliche Sicherheit oder Ordnung im Polizeirecht und der hinreichende Verdacht einer Straftat im Strafverfahrensrecht.[99]

[99] BVerfGE 141, 220 (271), dazu und zur gesetzgeberischen Schaffung von „Vorfeldaufgaben" schon oben A.I.1.

aaa) Polizeirecht

Grundsätzlich besteht für Gesetzgeber die Möglichkeit, von der konkreten Gefahr – also der hinreichenden Wahrscheinlichkeit einer Rechtsgutsverletzung in absehbarer Zeit[100] – abzurücken, indem er informationelle Eingriffe schon im Vorfeld dieser Schwelle zulässt.[101]

Ist eine entsprechende gesetzliche Informationserhebung dem Bereich geringer oder mittlerer Eingriffsintensität zuzuordnen, ist dies verfassungsrechtlich jedenfalls dann zulässig, wenn das Zusammenspiel von Eingriffsanlass, geschütztem Rechtsgut und Überwachungszweck im Ganzen korreliert. Die Parameter stehen also in einer „Je-desto-Relation". Je strenger der Gesetzgeber etwa den Eingriffsanlass begrenzt (indem er z.B. eine konkrete Gefahr verlangt), desto großzügiger kann er hinsichtlich des zu schützenden Rechtsguts und/oder des Überwachungszwecks sein.[102] Soll die informationelle Maßnahme dagegen etwa anlassunabhängig zulässig sein,[103] muss sie etwa an ein gefährliches oder risikobehaftetes Tun bzw. an die Beherrschung besonderer Gefahrenquellen anknüpfen, dem Schutz von Rechtsgütern von zumindest erheblichem Gewicht oder sonst einem vergleichbar gewichtigen öffentlichen Interesse dienen und konsequent auf die Erreichung dieses Zwecks beschränkt sein.[104]

Maßnahmen von hoher und höchster Eingriffsintensität verlangen stets einen Eingriffsanlass und müssen zudem dem Schutz besonders hochrangiger bzw. überragend wichtiger Rechtsgüter dienen.[105]

---

[100] Dazu etwa BVerfGE 141, 220 (271); BVerfGE 115 (320 (364).

[101] BVerfGE 141, 220 (271); BVerfGE 110, 33 (56 f. 61); BVerfGE 113, 348 (377 f.).

[102] Besonders deutlich herausgearbeitet in BVerfGE 150, 244 (281 ff.), dazu auch Bäcker, HdB VerfR, § 28, Rn. 93 ff.

[103] Wie dies im Polizeirecht typischerweise etwa bei automatisierten Kfz-Kennzeichenkontrollen (dazu BVerfGE 120, 378 ff.; BVerfGE 150, 244 ff.; BVerfGE 150, 309 ff.) bzw. bei Kontrollstellen oder Kontrollen an sog. gefährlichen oder gefährdeten Orten bzw. der sog. Schleierfahndung der Fall ist.

[104] BVerfGE 150, 244 (281 f.); BVerfGE 150, 309 (336 f.).

[105] BVerfGE 120, 274 (328 ff.); BVerfGE 115, 320 (346); BVerfGE 109, 279 (376 f.); BVerfGE 150, 309 (336 f.).

Diese Rechtsgüter sind zunächst Leib, Leben und Freiheit der Person, ferner solche Güter der Allgemeinheit, deren Bedrohung die Grundlagen oder den Bestand des Staates oder die Grundlagen der Existenz der Menschen berührt, wozu etwa die Funktionsfähigkeit wesentlicher Teile existenzsichernder öffentlicher Versorgungseinrichtungen zählt.[106]

Als Eingriffsanlass kommt zunächst eine konkrete Gefahr für die genannten Rechtsgüter in Betracht; für Vorfeldmaßnahmen etwa zur Straftatenverhütung reicht allerdings auch eine auf bestimmte Tatsachen – nicht allein auf allgemeine Erfahrungssätze – gestützte Prognose, die auf eine konkrete Gefahr bezogen ist. Das Gericht verlangt insoweit, dass ein wenigstens seiner Art nach konkretisiertes und zeitlich absehbares Geschehen erkennbar ist. In Bezug auf terroristische Straftaten kann der Gesetzgeber stattdessen – unter Wahrung der Normenklarheit – auch darauf abstellen, ob das individuelle Verhalten einer Person die konkrete Wahrscheinlichkeit begründet, dass sie in überschaubarer Zukunft terroristische Straftaten begeht.[107]

Eine Anknüpfung der Einschreitschwelle an das Vorfeldstadium sei verfassungsrechtlich im Hinblick auf die Schwere des Eingriffs indessen nicht hinnehmbar, wenn nur relativ diffuse Anhaltspunkte für mögliche Gefahren bestünden. Die Tatsachenlage sei dann häufig durch eine hohe Ambivalenz der Bedeutung einzelner Beobachtungen gekennzeichnet. Die Geschehnisse könnten in harmlosen Zusammenhängen verbleiben, aber auch den Beginn eines Vorgangs bilden, der in eine Gefahr münde. Solche Offenheit genüge für die Durchführung von eingriffsintensiven heimlichen Überwachungsmaßnahmen nicht.[108]

---

[106] BVerfGE 120, 274 (328 ff.); BVerfGE 115, 320 (346); BVerfGE 109, 279 (376 f.); BVerfGE 150, 309 (336 f.).

[107] BVerfGE 110, 33 (56 f., 61); BVerfGE 113, 348 (377); BVerfGE 120, 274 (328 f.); BVerfGE 125, 260 (330 f.); BVerfGE 141 (291).

[108] BVerfGE 141, 220 (273); BVerfGE 120, 274 (329); BVerfGE 113, 348 (377); BVerfGE 110, 33 (59).

bbb) Recht der Nachrichtendienste

Hinsichtlich informationeller Eingriffsbefugnisse der Nachrichtendienste[109] war das Bundesverfassungsgericht in Bezug auf Anlass und Zwecke der Maßnahmen, die gesetzlich regelmäßig recht offen formuliert waren, zunächst großzügiger als bei entsprechenden polizeilichen Maßnahmen.[110] Mit Blick auf die ebenfalls offene Aufgabe der Dienste, der Politik Informationen über bedeutende Gefährdungslagen bereitzustellen, wurden die Eingriffsschwellen niedriger angesetzt.[111] Die Dienste müssten zur Erfüllung ihrer Aufgabe grundsätzlich unabhängig von konkreten Gefahren im Vorfeld tätig werden; dies rechtfertige insbesondere auch deshalb geringere Anforderungen, weil die Befugnisse der Dienste auf informationelle Maßnahmen beschränkt seien, ihnen also keinerlei (anschließende) Zwangsbefugnisse zukommen und keine Folgemaßnahmen zu erwarten seien.[112]

Bei besonders eingriffsintensiven Maßnahmen der Dienste hält das Gericht inzwischen diese großzügige Linie allerdings nicht mehr durch: So seien Online-Durchsuchungen durch die Verfassungsschutzbehörden und deren Abruf von Verkehrsdaten aus der sog. Vorratsdatenspeicherung nur unter den Voraussetzungen zulässig, die für diese Maßnahmen der Polizei vorliegen müssten.[113] Entsprechendes gelte für die Übermittlung polizeilicher Daten an die Dienste, wenn diese aus besonders eingriffsintensiven Maßnahmen stammen.[114]

---

[109] Dazu auch oben Fn. 3

[110] BVerfGE 100, 313 (383); BVerfGE 130, 151 (206); 133, 277 (325 ff.).

[111] BVerfGE 100, 313 (383); BVerfGE 130, 151 (206); 133, 277 (325 ff.).

[112] BVerfGE 130, 277 (326): "Entsprechend zielt auch die Aufklärung der Verfassungsschutzbehörden nicht unmittelbar auf die Verhütung und Verhinderung von konkreten Straftaten oder die Vorbereitung entsprechender operativer Maßnahmen. Auch hier beschränkt sich die Aufgabe der Dienste auf eine Berichtspflicht gegenüber den politisch verantwortlichen Staatsorganen beziehungsweise der Öffentlichkeit (vgl. BVerfGE 130, 151 (206)."

[113] BVerfGE 120, 274 (326 ff.); BVerfGE 125, 260 (331 ff.).

[114] BVerfGE 141, 220 (339 f.).

Etwas großzügiger beurteilte das Gericht insoweit allerdings die strategische Auslandsfernmeldeüberwachung durch den BND, die – obwohl sie sich als anlasslose Maßnahme mit hoher Streubreite (auch) auf sensible Daten aus der Privatsphäre beziehe, also ein besonders hohes Eingriffsgewicht habe[115] – zulässig sei, weil sie durch eine Behörde ohne operative Befugnisse durchgeführt werde; allerdings dürfe sie nur zum Schutz besonders gewichtiger Rechtsgüter durchgeführt werden und verlange eine konkretisierte Gefahrenlage oder einen hinreichend konkretisierten Tatverdacht; ausgenommen seien davon indessen Berichte an die Bundesregierung, soweit diese ausschließlich der politischen Information und Vorbereitung von Regierungsentscheidungen dienten.[116]

cc) Begrenzung des Kreises der Zielpersonen

Da Maßnahmen mit hoher Streubreite somit im Allgemeinen lediglich von geringer oder mittlerer Eingriffsintensität sein dürfen, sind solche von hoher oder höchster Eingriffsintensität auf personengerichtete informationelle Befugnisse begrenzt. Insoweit verlangt das Gericht, dass der Kreis der Zielpersonen der Maßnahme hinreichend konkretisiert beschrieben und begrenzt ist.

Maßnahmen von höchster Eingriffsintensität dürfen sich unmittelbar nur gegen diejenigen als Zielperson richten, die für die drohende oder dringende Gefahr verantwortlich sind. Gegen Dritte sind sie nur zulässig, wenn sich die Zielperson bei diesen aufhält oder deren Infrastruktur nutzt und keine andere Möglichkeit zur Verfügung steht.[117]

Eingriffe mittlerer Intensität dürfen sich auch unmittelbar gegen Dritte richten, wenn diese dem Umfeld der Zielperson entstammen, eine spezifische Nähe zu dem Betroffenen und der aufzuklärenden Gefahr oder Straftat aufweisen und eine nicht unerhebliche Wahrscheinlichkeit besteht, dass die Überwachung dem Ziel der Maßnahme dient.[118]

---

[115] BVerfGE 154, 152 (241 ff.).

[116] Diese Anforderungen erfüllte das Gesetz zum Zeitpunkt der Entscheidung nicht, BVerfGE 154, 152 (241 ff.).

[117] BVerfGE 109, 279 (351 f.); BVerfGE 120, 274 (329, 334); BVerfGE 141, 220 (273 ff.).

[118] BVerfGE 107, 299 (322 f.); BVerfGE 113, 348 (380 f.); BVerfGE 141, 220 (273 ff.).

d) Anforderungen an die (Weiter-)Nutzung erhobener Daten

Recht umfassende Vorgaben macht das Bundesverfassungsgericht des Weiteren für die der Erhebung folgende Nutzung personenbezogener Daten und Informationen.[119]

aa) Grundsatz der Zweckbindung

Anknüpfend an den bereits seit dem Volkszählungsurteil geltenden Grundsatz der Zweckbindung gilt insoweit zunächst, dass eine informationelle Eingriffsbefugnis die Weiterverarbeitung der erhobenen Daten[120] grundsätzlich nur in Bezug auf den Anlass und Zweck dieser Erhebung erlaubt.[121]

bb) Anforderungen an zweckwahrende und zweckändernde Weiternutzungen

Möchte der Gesetzgeber die Nutzung von Daten über den konkreten Anlass und rechtfertigenden Grund einer Datenerhebung hinaus vorsehen, muss er hierfür eine eigene Rechtsgrundlage schaffen.[122] Er kann insoweit zum einen eine weitere Nutzung der Daten im Rahmen der für die Datenerhebung maßgeblichen Zwecke vorsehen; stellt er sicher, dass die weitere Nutzung der Daten den Anforderungen der Zweckbindung genügt, ist eine solche Regelung verfassungsrechtlich grundsätzlich zulässig. Er kann zum anderen aber auch eine Zweckänderung erlauben;

---

[119] Diese hat es insbesondere in der Entscheidung zum BKA-G (BVerfGE 141, 200 (324 ff.)) eingehend referiert, konsolidiert und teils angepasst, so dass sich die folgenden Ausführungen vielfach auf diese Entscheidung stützen.

[120] BVerfGE 150, 244 (277), wonach sich die Gesetzgebungskompetenz für die Aufgabe, zu der die Erhebung erfolgt, auch auf die Weiterverarbeitung im Rahmen dieser Aufgabe erstreckt.

[121] Siehe dazu und zum Folgenden auch BVerfGE 65, 1 (51, 62); BVerfGE 100, 313 (360 f., 389 f.); BVerfGE 109, 279 (375 ff.); BVerfGE 110, 33 (73); BVerfGE 120, 351 (368 f.); BVerfGE 125, 260 (333); BVerfGE 130, 1 (33 f.); BVerfGE 133, 277 (372 ff.); BVerfGE 141, 220 (324); dazu auch Schwabenbauer, HdB Polizeirecht, Abschn. G, Rn. 23, 120, 222 ff.

[122] BVerfGE 109, 279 (375 f.); BVerfGE 120, 351 (369); BVerfGE 130, 1 (33); BVerfGE 141, 220 (324).

als Ermächtigung zu einer Datennutzung für neue Zwecke unterliegt dies jedoch spezifischen verfassungsrechtlichen Anforderungen.

aaa) Zweckwahrende Nutzung

Sieht er die Datennutzung über das für die Datenerhebung maßgebende Verfahren hinaus als weitere Nutzung im Rahmen der ursprünglichen Zwecke dieser Daten vor, kann er sich auf die der Datenerhebung zugrundeliegenden Rechtfertigungsgründe stützen und unterliegt damit nach dem Bundesverfassungsgericht nicht den Anforderungen an eine Zweckänderung.[123]

Die zulässige Reichweite solcher Nutzungen richte sich dann nach der Ermächtigung für die Datenerhebung. Die jeweilige Eingriffsgrundlage bestimme die zuständige Behörde, den Zweck und die Bedingungen der Datenerhebung und definiere damit die erlaubte Verwendung. Die Zweckbindung der auf ihrer Grundlage gewonnenen Informationen beschränke sich folglich nicht allein auf eine Bindung an bestimmte, abstrakt definierte Behördenaufgaben, sondern bestimme sich nach der Reichweite der Erhebungszwecke in der für die jeweilige Datenerhebung maßgeblichen Ermächtigungsgrundlage. Eine weitere Nutzung innerhalb der ursprünglichen Zwecksetzung komme damit nur seitens derselben Behörde im Rahmen derselben Aufgabe und für den Schutz derselben Rechtsgüter in Betracht wie sie für die Datenerhebung maßgeblich gewesen seien. Sei die Erhebung nur zum Schutz bestimmter Rechtsgüter oder zur Verhütung bestimmter Straftaten erlaubt, so begrenze dies deren unmittelbare sowie weitere Verwendung auch in derselben Behörde, soweit keine gesetzliche Grundlage für eine zulässige Zweckänderung und eine weitergehende Nutzung vorgesehen sei.[124]

Nicht zu den Zweckbindungen, die für jede weitere Nutzung der Daten seitens derselben Behörde je neu beachtet werden müssen, gehören nach den Aussagen des Gerichts jedoch grundsätzlich die für die Datenerhe-

---

[123] BVerfGE 141, 220 (324); dazu auch Schwabenbauer, HdB Polizeirecht, Abschn. G, Rn. 222 ff.

[124] BVerfGE 141, 220 (324 f.).

bung maßgeblichen Anforderungen an Einschreitschwellen, wie sie traditionell die konkrete Gefahr im Bereich der Gefahrenabwehr und der hinreichende Tatverdacht im Bereich der Strafverfolgung darstellten. Dieses Erfordernis einer hinreichend konkretisierten Gefahrenlage oder eines qualifizierten Tatverdachts bestimme den Anlass, aus dem entsprechende Daten erhoben werden dürfen, nicht aber die erlaubten Zwecke, für die die Daten der Behörde dann zur Nutzung offen stünden. Folglich widerspreche es nicht von vornherein dem Gebot einer dem ursprünglichen Erhebungszweck entsprechenden Verwendung, wenn die weitere Nutzung solcher Daten bei Wahrnehmung derselben Aufgabe auch unabhängig von weiteren gesetzlichen Voraussetzungen als bloßer Spurenansatz erlaubt werde. Die Behörde könne die insoweit gewonnenen Kenntnisse zum Schutz derselben Rechtsgüter und im Rahmen derselben Aufgabenstellung – allein oder in Verbindung mit anderen ihr zur Verfügung stehenden Informationen – als schlichten Ausgangspunkt für weitere Ermittlungen nutzen.[125]

Dies trage dem Umstand Rechnung, dass sich die Generierung von Wissen – nicht zuletzt auch, wenn es um das Verstehen terroristischer Strukturen gehe – nicht vollständig auf die Addition von je getrennten, nach Rechtskriterien formell ein- oder ausblendbaren Einzeldaten reduzieren lasse. Durch die Bindung an die für die Datenerhebung maßgeblichen Aufgaben und die Anforderungen des Rechtsgüterschutzes habe auch eine Verwendung der Daten als Spurenansatz einen hinreichend konkreten Ermittlungsbezug, den der Gesetzgeber nicht durch weitere einschränkende Maßgaben absichern müsse. Für die Wahrung der Zweckbindung komme es demnach darauf an, dass die erhebungsberechtigte Behörde die Daten im selben Aufgabenkreis zum Schutz derselben Rechtsgüter und zur Verfolgung oder Verhütung derselben Straftaten nutze, wie es die jeweilige Datenerhebungsvorschrift erlaubt.[126]

Weiter reiche die Zweckbindung allerdings für Daten aus Wohnraumüberwachungen und Online-Durchsuchungen: Hier sei jede weitere

---

[125] BVerfGE 141, 220 (325 f.).

[126] BVerfGE 141, 220 (324).

Nutzung der Daten nur dann zweckentsprechend, wenn sie auch aufgrund einer den Erhebungsvoraussetzungen entsprechenden dringenden Gefahr oder im Einzelfall drohenden Gefahr erforderlich sei.[127] Das außerordentliche Eingriffsgewicht solcher Datenerhebungen spiegele sich hier auch in einer besonders engen Bindung jeder weiteren Nutzung der gewonnenen Daten an die Voraussetzungen und damit Zwecke der Datenerhebung. Eine Nutzung der Erkenntnisse als bloßer Spuren- oder Ermittlungsansatz unabhängig von einer dringenden oder im Einzelfall drohenden Gefahr komme hier nicht in Betracht.[128]

---

[127] BVerfGE 109, 279 (377, 379); BVerfGE 120, 274 (326, 328 f.); BVerfGE 141, 220 (325).

[128] BVerfGE 141, 220 (325).

bbb) Zweckändernde Nutzung

Der Gesetzgeber könne eine weitere Nutzung der Daten auch zu anderen Zwecken als denen der ursprünglichen Datenerhebung erlauben (Zweckänderung). Er habe dann allerdings sicherzustellen, dass dem Eingriffsgewicht der Datenerhebung auch hinsichtlich der neuen Nutzung Rechnung getragen werde.[129]

Die Ermächtigung zu einer Nutzung von Daten zu neuen Zwecken begründet nach der gefestigten Rechtsprechung des Gerichts stets einen neuen Eingriff in das Grundrecht, in das durch die Datenerhebung eingegriffen wurde.[130] Zweckänderungen seien folglich jeweils an den Grundrechten zu messen, die für die Datenerhebung maßgeblich gewesen seien. Das gelte für jede Art der Verwendung von Daten zu einem anderen Zweck als dem Erhebungszweck, unabhängig davon, ob es sich um die Verwendung als Beweismittel oder als Ermittlungsansatz handele.[131]

Die Ermächtigung zu einer Zweckänderung sei dabei ihrerseits am Verhältnismäßigkeitsgrundsatz zu messen. Hierbei orientiere sich das Gewicht, das einer solchen Regelung im Rahmen der Abwägung zukomme, am Gewicht des Eingriffs der Datenerhebung. Informationen, die durch besonders eingriffsintensive Maßnahmen erlangt wurden, könnten auch nur zu besonders gewichtigen Zwecken benutzt werden.[132]

Insoweit stellte das Bundesverfassungsgerichts als Maßstab der Verhältnismäßigkeitsprüfung lange Zeit darauf ab, ob die geänderte Nutzung mit der ursprünglichen Zwecksetzung vereinbar oder unvereinbar sei.[133]

---

[129] BVerfGE 100, 313 (389 f.); 109, 279 (377); 120, 351 (369); 130, 1 (33 f.); 133, 277 (372 f.); BVerfGE 141, 220 (326 f.).

[130] BVerfGE 100, 313 (360, 391); 109, 279 (375); 110, 33 (68 f.); 125, 260 (312 f., 333); 133, 277 (372) BVerfGE 141, 220 (327).

[131] BVerfGE 109, 279 (377); BVerfGE 141, 220 (327).

[132] BVerfGE 100, 313 (394); BVerfGE 109, 279 (377); BVerfGE 133, 277 (372 f.); BVerfGE 141, 220 (327).

[133] BVerfGE 65, 1 (62); BVerfGE 100, 313 (360, 389); BVerfGE 109, 279 (376 f.); BVerfGE 110, 33 (69); BVerfGE 120, 351 (369); BVerfGE 130, 1 (33); dies referierend BVerfGE 141, 220 (327).

In jüngeren Entscheidungen ersetze es diesen Maßstab durch das Kriterium der hypothetischen Datenneuerhebung. Für Daten aus eingriffsintensiven Überwachungs- und Ermittlungsmaßnahmen komme es danach darauf an, ob die entsprechenden Daten neu auch für den geänderten Zweck mit vergleichbar schwerwiegenden Mitteln erhoben werden dürften.[134] Das Kriterium der hypothetischen Datenneuerhebung gilt nach dem Gericht allerdings nicht schematisch abschließend.[135]

Voraussetzung für eine Zweckänderung sei aber jedenfalls, dass die neue Nutzung der Daten dem Schutz von Rechtsgütern oder der Aufdeckung von Straftaten eines solchen Gewichts diene, die verfassungsrechtlich ihre Neuerhebung mit vergleichbar schwerwiegenden Mitteln rechtfertigen könnten.[136]

Der Anlass für die weitere Nutzung müsse zwar nicht identisch mit dem der Erhebung selbst sein. Als neu zu rechtfertigender Eingriff bedürfe aber auch die Ermächtigung zu einer Nutzung für andere Zwecke eines eigenen, hinreichend spezifischen Anlasses. Verfassungsrechtlich geboten, aber regelmäßig auch ausreichend, sei insoweit, dass sich aus den Daten – sei es aus ihnen selbst, sei es in Verbindung mit weiteren Kenntnissen der Behörde – ein konkreter Ermittlungsansatz ergebe.[137]

Der Gesetzgeber könne danach – bezogen auf die Datennutzung von Sicherheitsbehörden – eine Zweckänderung von Daten grundsätzlich dann erlauben, wenn es sich um Informationen handele, aus denen sich im Einzelfall konkrete Ermittlungsansätze zur Aufdeckung von vergleichbar gewichtigen Straftaten oder zur Abwehr von zumindest absehbar drohenden Gefahren für vergleichbar gewichtige Rechtsgüter wie die

---

[134] BVerfGE 125, 260 (333); BVerfGE 130, 1 (34, hier ist vom „hypothetischen Ersatzeingriff" die Rede); BVerfGE 133, 277 (373 f.); schon früher BVerfGE 100, 313 (389 f.); zur Entwicklung der Rechtsprechung auch BVerfGE 141, 220 (328).

[135] BVerfGE 133, 277 (374); BVerfGE 141, 220 (328), dazu auch unter cc).

[136] BVerfGE 100, 313 (389 f.); BVerfGE 109, 279 (377); BVerfGE 110, 33 (73); BVerfGE 120, 351 (369); BVerfGE 130, 1 (34); BVerfGE 141, 220 (328).

[137] BVerfGE 109, 279 (377, 379).

ergeben, zu deren Schutz die entsprechende Datenerhebung zulässig war.

Anderes gelte allerdings auch hier für Informationen aus Wohnraumüberwachungen oder dem Zugriff auf informationstechnische Systeme. Angesichts des besonderen Eingriffsgewichts dieser Maßnahmen müsse für sie jede neue Nutzung der Daten wie bei der Datenerhebung selbst auch durch eine dringende Gefahr gerechtfertigt sein. [138]

Die so umrissenen Anforderungen an die Zulässigkeit einer Zweckänderung stellen nach der – in der Sache ungewöhnlichen – verfassungsgerichtlichen Selbstbewertung seiner Rechtsprechung in der Entscheidung zum BKA-G „eine konkretisierende Konsolidierung einer langen Rechtsprechung beider Senate des Bundesverfassungsgerichts“ dar.[139] Es liege darin keine Verschärfung der bisherigen Maßstäbe, sondern eine behutsame Einschränkung, indem das Kriterium der hypothetischen Datenneuerhebung nicht strikt angewandt,[140] sondern in Blick auf die – die zu fordernde Aktualität der Gefahrenlage bestimmenden – Eingriffsschwellen gegenüber früheren Anforderungen[141] teilweise zurückgenommen werde.[142]

cc) Anforderungen an den Austausch von Daten

Da in der aufgabenbezogenen Weitergabe von Daten an eine andere Behörde regelmäßig eine Zweckänderung liegt,[143] sind auch insoweit verfassungsrechtliche Vorgaben zu beachten.

---

[138] BVerfGE 109, 279 (377, 379); BVerfGE 141, 220 (338 f.).

[139] So BVerfGE 141, 229 (329) unter Verweis auf BVerfGE 65, 1 (45 f., 61 f.); BVerfGE 100, 313 (389 f.); BVerfGE 109, 279 (377); BVerfGE 110, 33 (68 f., 73); BVerfGE 120, 351 (369); BVerfGE 125, 260 (333); BVerfGE 130, 1 (33 f.); BVerfGE 133, 277 (372 f.).

[140] BVerfGE 141, 229 (329) unter Verweis auf BVerfGE 133, 277 (374).

[141] BVerfGE 141, 229 (329) unter Verweis auf BVerfGE 100, 313 (394); BVerfGE109, 279 (377).

[142] BVerfGE 141, 229 (329 f.); nachfolgend setzt sich das Urteil mit einem Sondervotum zu der Entscheidung (S. 353 ff.) auseinander, das fordert, auf die Anforderung eines vergleichbar gewichtigen Rechtsgüterschutzes zu verzichten. Die Senatsmehrheit weist diese Forderung – unter Verweis auf BVerfGE 65, 1 (45 f., 61 f.) – mit der Begründung zurück, damit würde die Zweckbindung als "Kernelement des verfassungsrechtlichen Datenschutzes" praktisch hinfällig (S. 329 f.).

[143] Vgl. dazu die instruktive Beschreibung von Bäcker, HdB VerfR, § 28, Rn. 132.

aaa) „Doppeltürmodell“

Das Erfordernis einer gesetzlichen Grundlage für zweckändernde Datennutzungen konkretisiert das Bundesverfassungsgericht für die Datenübermittlung dahingehend, dass es zunächst einer zweckändernden Ermächtigung für die Behörde bedarf, die die Daten erhoben hat. Die Gesetzgebungskompetenz hierfür kommt dem für die Datenerhebung zuständigen Gesetzgeber zu, der die Voraussetzungen für die Übermittlung abschließend und normenklar zu regeln hat.[144]

Sodann bedarf es – nach dem Modell einer Doppeltür[145]– einer weiteren Ermächtigung der die Daten empfangenden Behörde, für die dem Gesetzgeber die Kompetenz zukommt, der für das Recht dieser Behörde zuständig ist; auch hier ist die (Form der) Entgegennahme und der Rahmen der Weiterverarbeitung der Daten abschließend und normenklar vorzugeben.[146]

Materiell ist eine solche Datenübermittlung als Zweckänderung[147] nach den dargestellten Grundsätzen am Kriterium der hypothetischen Datenneuerhebung zu messen. Dieses gilt allerdings nach dem Gericht nicht schematisch abschließend; es lasse – insbesondere bei der Übermittlung von Daten zwischen Behörden – die Berücksichtigung weiterer Gesichtspunkte zu.[148]

So sei nicht prinzipiell ausgeschlossen, dass einer Behörde, die zu bestimmten Datenerhebungen nicht berechtigt ist, entsprechende Daten von einer erhebungsbefugten Behörde übermittelt würden.[149] Auch könnten Gesichtspunkte der Vereinfachung und der Praktikabilität bei

[144] BVerfGE 150, 244 (277 f.); BVerfGE 130, 151 (184 ff.); BVerfGE 125, 260 (314 f.).

[145] Dieses Bild verwendend BVerfGE 130, 151 (184); BVerfG ZD 2014, 454.

[146] BVerfGE 150, 244 (277 f.); BVerfGE 130, 151 (184 ff.); BVerfGE 125, 260 (314 f.).

[147] Dazu auch Schwabenbauer, HdB Polizeirecht, Abschn. G, Rn. 227.

[148] BVerfGE 141, 220 (328); BVerfGE 133, 277 (374).

[149] BVerfGE 141, 220 (328); BVerfGE 100, 313 (390).

der Schaffung von Übermittlungsvorschriften es rechtfertigen, dass nicht alle Einzelanforderungen, die für die Datenerhebung erforderlich sind, in gleicher Detailliertheit für die Übermittlung der Daten gelten. Das Erfordernis einer Gleichgewichtigkeit der neuen Nutzung bleibe hierdurch jedoch unberührt.[150]

bbb) Insbesondere: Datenaustausch zwischen Polizei und Nachrichtendiensten

Im Hinblick auf die unterschiedlichen Aufgaben und Befugnisse von Polizeibehörden und Nachrichtendiensten[151] gelten für Regelungen, die den Austausch von Daten zwischen diesen ermöglichen, besondere verfassungsrechtliche Anforderungen[152]

Gesteigert sind diese Anforderungen nach dem Bundesverfassungsgericht insbesondere für Vorschriften, die die Nutzung nachrichtendienstlicher Informationen durch Polizei- und Sicherheitsbehörden ermöglichen. Die Aufgabe der Polizei- und Sicherheitsbehörden, Straftaten zu verhüten, zu verhindern und zu verfolgen sowie Gefahren für die öffentliche Sicherheit und Ordnung abzuwehren, sei geprägt von einer operativen Verantwortung und der Befugnis, gegenüber Einzelnen Maßnahmen erforderlichenfalls auch mit Zwang durchzusetzen. Daher sind die Befugnisse hierzu nach der verfassungsgerichtlichen Rechtsprechung eng und präzise zu fassen. Die Datenverarbeitung setze grundsätzlich einen konkreten Anlass wie Anhaltspunkte für einen Tatverdacht oder eine Gefahr voraus.[153]

Demgegenüber dienten die Nachrichtendienste primär der Information der politischen Entscheidungsträger. Entsprechend dieser Aufgabe po-

---

[150] BVerfGE 141, 220 (328).

[151] Dazu bereits oben B.II.3.b).bb).aaa).

[152] BVerfGE 156, 11 (50), BVerfGE 154, 152 (267 f.); BVerfGE 133, 277 (329), die das Gericht dort mit dem Begriff "informationelles Trennungsprinzip" zusammenfasst.

[153] BVerfGE 156, 11 (51); BVerfGE 133, 277 (327 f.).

litischer Vorfeldaufklärung verfügten sie über weitreichende, nur an geringe Eingriffsschwellen geknüpfte Befugnisse zur Datensammlung.[154] Die Weite der Datenerhebungsbefugnisse der Nachrichtendienste werde zwar grundsätzlich dadurch kompensiert, dass ihnen über die Aufgabe der Vorfeldaufklärung hinaus keine operative Verantwortung zukommt.[155] Allerdings seien die Nachrichtendienste nicht notwendig auf die politische Vorfeldaufklärung beschränkt.

So übernehme der Bundesnachrichtendienst als eigene Aufgabe vermehrt auch die Früherkennung von aus dem Ausland drohenden Gefahren von internationaler Dimension[156] und – nach den einschlägigen Vorschriften – die Weiterleitung von Informationen aus der Gefahrenfrüherkennung an Polizei- und Sicherheitsbehörden (§§ 24 f. BNDG; § 19 BVerfSchG; § 11 MADG). Den Nachrichtendiensten stünden für die Gefahrenfrüherkennung vergleichbar weitreichende Befugnisse zur Datensammlung zur Verfügung wie für die politische Vorfeldaufklärung, dürften aber im Gegenzug nicht operativ tätig werden. Die Unterschiede bei der Aufgabenstellung und die daraus folgende Gefahr des Unterlaufens spezifischer Anforderungen an die Sammlung und Verwertung von Daten bedingten gesteigerte verfassungsrechtliche Anforderungen an Vorschriften über die Nutzung nachrichtendienstlicher Informationen durch Polizei- und Sicherheitsbehörden. Diesen entspreche das Erfordernis eines herausragenden öffentlichen Interesses und hinreichend konkreter und qualifizierter Übermittlungsschwellen.[157]

Anderes gelte für die Nutzung der Daten von Polizei- und Sicherheitsbehörden durch die Nachrichtendienste. Diese Daten würden bereits nach den strengeren Anforderungen erhoben, die für operativ tätige Behörden mit der Befugnis zu Zwangsmaßnahmen gegenüber Einzelnen gelten. Durch eine Nutzung der Daten durch die Nachrichtendienste könnten diese Anforderungen also nicht unterlaufen werden. Zudem

---

[154] BVerfGE 156, 11 (51); BVerfGE 154, 152 (242 ff.); BVerfGE 133, 277 (325 f.).

[155] BVerfGE 156, 11 (51); BVerfGE 133, 277 (326 f.).

[156] BVerfGE 156, 11 (51); BVerfGE 154, 152 (233 f.).

[157] BVerfGE 156, 11 (51); BVerfGE 133, 277 (329); BVerfGE 154, 152 (267 f.).

könnten diese Daten von den mit der Aufgabe der Vorfeldaufklärung betrauten Nachrichtendiensten nicht operativ für Zwangsmaßnahmen gegenüber Personen verwendet werden.[158] Strengere Anforderungen gelten allerdings auch hier für die Übermittlung von Daten aus Wohnraumüberwachungen und dem Zugriff auf informationstechnische Systeme.[159]

e) Anforderungen an (Vorab-)Kontrolle, Verfahren, Transparenz und Rechtsschutz

Aus dem Verhältnismäßigkeitsgrundsatz folgen nach dem Bundesverfassungsgericht bei der Regelung eingriffsintensiver verdeckter Überwachungs- und Datenerhebungsmaßnahmen, bei denen damit zu rechnen ist, dass sie auch höchstpersönliche Informationen erfassen, zudem eine Reihe von Anforderungen an Verfahren, Kontrolle, Transparenz und Rechtschutz.[160]

Diese Anforderungen gelten – wie das Gericht jüngst noch einmal feststellte[161] – nicht nur für die Polizeibehörden, sondern mit geringen Modifikationen auch für die Nachrichtendienste.

aa) Vorabkontrolle

Zunächst bedürfen eingriffsintensive Überwachungs- und Datenerhebungsmaßnahmen grundsätzlich einer vorherigen Kontrolle durch eine unabhängige Stelle, etwa in Form einer richterlichen Anordnung.[162] Der Gesetzgeber habe das Gebot vorbeugender unabhängiger Kontrolle in spezifischer und normenklarer Form mit strengen Anforderungen an den Inhalt und die Begründung der gerichtlichen Anordnung zu verbinden.

---

158 BVerfGE 156, 11 (52).

159 BVerfGE 156, 11 (50); BVerfGE 141, 220 (338 f.).

160 Dazu auch eingehend Schwabenbauer, HdB Polizeirecht, Abschn. G, Rn. 282 ff.

161 BVerfG, NJW 2022, 1583 (1603, Rn. 289 f.).

162 BVerfGE 120, 274 (331 ff.); BVerfGE 125, 260 (337 ff.); BVerfGE 141, 220 (275).

Dafür bedürfe es insbesondere der vollständigen Information seitens der antragstellenden Behörde über den zu beurteilenden Sachstand.[163]

[163] BVerfGE 103, 142 (152 f.); BVerfGE 141, 220 (275); zu den Pflichten der Justizsverwaltungen in Bezug auf die sachliche und personelle Ausstattung zur Ermöglichung einer unabhängigen, effektiven Kontrolle BVerfGE 125, 260 (338).

bb) Transparenz

Gesetzlich sicherzustellen ist bei der Regelung solcher Maßnahmen zudem die Transparenz der Datenerhebung- und verarbeitung.[164]
Diese soll – so das Gericht – dazu beitragen, dass Vertrauen und Rechtssicherheit entstehen können und der Umgang mit Daten in einen demokratischen Diskurs eingebunden bleibt. Durch sie solle zum einen, soweit möglich, den Betroffenen subjektiver Rechtsschutz ermöglicht,[165] zum anderen aber auch einer diffusen Bedrohlichkeit geheimer staatlicher Beobachtung entgegengewirkt werden. Je weniger die Gewährleistung subjektiven Rechtsschutzes möglich sei, desto größere Bedeutung erhalten dabei Anforderungen an die Transparenz des Behördenhandelns gegenüber der Öffentlichkeit,[166] die etwa durch gesetzliche Berichtspflichten[167] bewirkt werden könne, sowie an eine wirksame aufsichtliche Kontrolle.[168]

cc) Nachgelagerte aufsichtliche Kontrolle

Die erforderliche Kontrolle erschöpft sich bei eingriffsintensiven Überwachungs- und Datenerhebungsmaßnahmen nicht auf die angesprochene Vorabkontrolle, vielmehr muss nach dem Gericht auch eine nachgelagerte aufsichtliche Kontrolle gesetzlich sichergestellt werden.[169]

Die Gewährleistung einer wirksamen aufsichtlichen Kontrolle in diesem Sinne setzte zunächst eine mit wirksamen Befugnissen ausgestattete

---

[164] BVerfGE 100, 313 (361, 364); BVerfGE 109, 279 (363 f.); BVerfGE 125, 260 (334 ff.); BVerfGE 133, 277 (365); BVerfGE 141, 220 (275); grundlegend schon BVerfGE 65, 1 (44 ff.).

[165] Dazu sogleich.

[166] BVerfGE 125, 260 (335); BVerfGE 133, 277 (366 f.); BVerfGE 141, 220 (282).

[167] Wie sie mittlerweile etwa in § 101b StPO, § 65 BND-G und auf Landesebene z.B. in § 2 Abs. 1 S. 4 des HVerfSchG oder § 17a HSOG vorgesehen sind.

[168] Dazu sogleich.

[169] BVerfGE 100, 313 (361, 364); BVerfGE 109, 279 (363 f.); BVerfGE 125, 260 (334 ff.); des Weiteren BVerfGE 133, 277 (365); BVerfGE 141, 220 (275); grundlegend schon BVerfGE 65, 1 (44 ff.).

Stelle – wie sie die Bundes- und Landesdatenschutzbeauftragten darstellen – voraus. Für die Wirksamkeit der Kontrolle sei erforderlich, dass die Datenerhebungen vollständig protokolliert werden. Es müsse durch technische und organisatorische Maßnahmen sichergestellt werden, dass die Daten den Datenschutzbeauftragten in praktikabel auswertbarer Weise zur Verfügung stünden und die Protokollierung hinreichende Angaben zu dem zu kontrollierenden Vorgang enthalte. Angesichts der Kompensationsfunktion der aufsichtlichen Kontrolle für den schwach ausgestalteten Individualrechtsschutz komme deren regelmäßiger Durchführung besondere Bedeutung zu.[170]

dd) Verfahren

Als verfahrensrechtliche Anforderung an die verhältnismäßige Ausgestaltung entsprechender informationeller Eingriffe lässt sich die vom Gericht des Weiteren verlangte Schaffung gesetzlicher Benachrichtigungspflichten und Auskunftsrechte beschreiben. Da die in Rede stehenden Maßnahmen heimlich durchgeführt würden, um ihren Zweck zu erreichen, habe der Gesetzgeber als Voraussetzung für die Gewährleistung subjektiven Rechtsschutzes im Sinne des Art. 19 Abs. 4 GG vorzusehen, dass die Betroffenen zumindest nachträglich von den Überwachungsmaßnahmen grundsätzlich in Kenntnis zu setzen sind. Ausnahmen könne er in Abwägung mit verfassungsrechtlich geschützten Rechtsgütern Dritter vorsehen. Sie seien jedoch auf das unbedingt Erforderliche zu beschränken.[171]
Des Weiteren verlange der Verhältnismäßigkeitsgrundsatz in verfahrensrechtlicher Hinsicht die Regelung von Löschungspflichten bezüglich der erhobenen Daten. Mit diesen sei sicherzustellen, dass eine Verwendung personenbezogener Daten auf die die Datenverarbeitung rechtfertigenden Zwecke begrenzt bleibe.[172]

---

[170] BVerfGE 133, 277 (370 f.); BVerfGE 141, 220 (284 f.); grundlegend schon BVerfGE 65, 1 (46).

[171] BVerfGE 125, 260 (336 f.) mit weiteren Konkretisierungen bzüglich der Ausnahmen; bei langfristigem Absehen von der Mitteilung sei insbesondere eine richterliche Überprüfung erforderlich; zum Ganzen auch BVerfGE 141, 220 (282 f.).

[172] BVerfGE 133, 277 (366); BVerfGE 141, 220 (285); grundlegend auch insoweit schon BVerfGE 65, 1 (46).

ee) Rechtsschutz

Eine verhältnismäßige Ausgestaltung der Überwachungsmaßnahmen fordere im Lichte des Art. 19 Abs. 4 GG schließlich, dass die Betroffenen nach Benachrichtigung in zumutbarer Weise eine gerichtliche Rechtmäßigkeitskontrolle erwirken könnten und dass wirksame Sanktionen für den Fall von Rechtsverletzungen – auch für den Fall lediglich immaterieller Beeinträchtigungen – vorgesehen seien.[173]

[173] BVerfGE 125, 268 (339 f.); BVerfGE 141, 220 (283 f.).

f) Kernbereich privater Lebensgestaltung und Verbot der Totalausforschung als absolute Schranken

Neben den verfassungsrechtlichen Anforderungen an die allgemeinen Eingriffsvoraussetzungen sowie an Kontrolle, Verfahren, Transparenz und Rechtsschutz ergeben sich aus den jeweiligen Grundrechten in Verbindung mit Art. 1 Abs. 1 GG für die Durchführung von besonders eingriffsintensiven Überwachungsmaßnahmen schließlich nach dem Bundesverfassungsgericht auch absolute Schranken. Diese bestehen insbesondere in dem Verbot eines Eindringens in den sog. Kernbereich privater Lebensgestaltung, zu dessen Schutz besondere gesetzliche Anforderungen vorzusehen sind.[174]

Auch diese Anforderungen gelten nach den jüngsten ausdrücklichen Feststellungen des Gerichts[175] nicht nur für die Polizeibehörden, sondern auch für die Nachrichtendienste.

Der Kernbereich privater Lebensgestaltung gewährleiste dem Individuum einen Bereich höchstpersönlicher Privatheit gegenüber Überwachung. Er sichere einen dem Staat nicht verfügbaren Menschenwürdekern grundrechtlichen Schutzes gegenüber solchen Maßnahmen. Selbst überragende Interessen der Allgemeinheit könnten einen Eingriff in diesen absolut geschützten Bereich privater Lebensgestaltung nicht rechtfertigen.[176]

Zu diesem gehöre die Möglichkeit, innere Vorgänge wie Empfindungen und Gefühle sowie Überlegungen, Ansichten und Erlebnisse höchstpersönlicher Art zum Ausdruck zu bringen. Geschützt sei insbesondere die nichtöffentliche Kommunikation mit Personen des höchstpersönlichen Vertrauens, die in der berechtigten Annahme geführt wird, nicht überwacht zu werden, wie es insbesondere bei Gesprächen im Bereich der

---

[174] Zum Folgenden auch Schwabenbauer, HdB Polizeirecht, Abschn. G, Rn. 143 ff.

[175] BVerfG, NJW 2022, 1583 (1603, Rn. 275 – 286 (Kernbereich), Rn. 287 f. (additiver Grundrechtseingriff).

[176] BVerfGE 109, 279 (319 ff.); BVerfGE 113, 348 (389 ff.); BVerfGE 120, 274 (334 f.); BVerfGE 141, 220 (275 ff.).

Wohnung der Fall sei. Zu diesen Personen gehören insbesondere Ehe- oder Lebenspartner, Geschwister und Verwandte in gerader Linie; dazu zählten aber ggf. auch enge persönliche Freunde und – vor entsprechenden Maßnahmen entsprechend gesetzlich zu schützende[177] – Strafverteidiger, Ärzte, Geistliche und enge persönliche Freunde.[178] Die Besprechung und Planung von Straftaten gehöre indessen ihrem Inhalt nach nicht zum Kernbereich privater Lebensgestaltung, da sie Sozialbezug aufweise.[179]

Der Schutz des Kernbereichs verlange gesetzliche Vorkehrungen auf zwei Ebenen. Vor Anordnung entsprechender Maßnahmen müsse eine Prognose erstellt werden, ob die Erhebung kernbereichsrelevanter Informationen zu erwarten steht. Ist dies der Fall, ist die avisierte Maßnahme – so das Gericht – unzulässig. Führt die Prognose nicht zur Unzulässigkeit und die Maßnahme wider Erwarten dennoch zu einem Eindringen in den Kernbereich, ist sie zu beenden und jegliche Verwertung entsprechender Inhalte ist ausgeschlossen (strikte Minimierung der Folgen bei der nachgelagerten Auswertung und Verwertung).[180] In der Regel ist die Sichtung der erfassten Daten durch eine unabhängige Stelle vorzusehen, die die kernbereichsrelevanten Informationen vor deren Verwendung durch die Sicherheitsbehörden herausfiltert.[181]

In engem Zusammenhang mit dem Kernbereich der privaten Lebensgestaltung steht das verfassungsrechtliche Verbot einer „Rundumüberwachung“ von Personen, das sich allerdings weniger an den Gesetzgeber, als an die Sicherheitsbehörden selbst richtet: Mit der Menschenwürde unvereinbar ist es nach dem Bundesverfassungsgericht, wenn eine

---

[177] Dazu etwa BVerfGE 141, 220 (319).

[178] BVerfGE 109, 279 (321 ff.); BVerfGE 113, 348 (390 f.); BVerfGE 120, 274 (334 f.); BVerfGE 141, 220 (275 ff.).

[179] BVerfGE 109, 279 (319 f., 328); BVerfGE 113, 348 (390 f.); BVerfGE 120, 274 (334 f.); BVerfGE 141, 220 (277).

[180] BVerfGE 109, 279 (320 ff., 324 f.); BVerfGE 113, 348 (390 f.); BVerfGE 120, 274 (337 ff.); BVerfGE 129, 208 (245 f-); BVerfGE 141, 220 (277).

[181] BVerfGE 109, 279 (331 f., 333 f.); 120, 274 (338f.); BVerfGE 141, 220 (279 f.).

Überwachung sich über einen längeren Zeitraum erstreckt und/oder derart umfassend ist, dass nahezu lückenlos alle Bewegungen und Lebensäußerungen des Betroffenen registriert werden und etwa zur Grundlage für ein Persönlichkeitsprofil werden können. Beim Einsatz moderner, insbesondere dem Betroffenen verborgener Ermittlungsmethoden müssen die Sicherheitsbehörden mit Rücksicht auf das dem "additiven Grundrechtseingriff"[182] innewohnende Gefährdungspotenzial koordinierend darauf Bedacht nehmen, dass das Ausmaß der Überwachung insgesamt beschränkt bleibt.[183]

---

[182] Begriff erstmals in BVerfGE 112, 307 (319 f.), z.T. wieder aufgegriffen in den in der nachfolgenden Fn. genannten Entscheidungen. Gemeint ist, dass mehrere informationelle Eingriffe – ggf. von verschiedenen Sicherheitsbehörden – gegenüber einem Andressaten vorgenommen warden, so dass die Überwchung/Datenerhebung gleichsam kulminiert.

[183] BVerfGE 109, 279 (318 f., 332 f.); BVerfGE 113, 348 (392); BVerfGE 120, 274 (337, 339), BVerfGE 141, 220 (280).

III. Zusammenfassung und Schlussfolgerungen

Die Durchsicht der verfassungsgerichtlichen Rechtsprechung zum Informationsrecht der Sicherheitsbehörden hat ein ganzes Geflecht grundrechtlicher und rechtsstaatlicher Maßstäbe zu Tage gefördert, deren Umfang und materielle Dichte eine Beschreibung als – gleichsam verselbständigtes – „Sicherheitsverfassungsrecht“[184] sicherlich rechtfertigt.

Wenn sich das Verwaltungsrecht „im Wechselspiel von Anwendungspraxis und gerichtlicher Kontrolle“[185] konkretisiert, bildet(e) sich das Sicherheitsverfassungsrecht in einem Wechselspiel zwischen gesetzgeberischer Regulierung und verfassungsgerichtlicher Kontrolle.

Betrachtet man das so sukzessiv entstandene (Verfassungs-)Richterrecht anhand inhaltlicher Maßstäbe, fällt zunächst auf, dass das Gericht bislang keine einzige vom Gesetzgeber vorgesehene informationelle Befugnis gänzlich verworfen hat. Zwar blieben die Vorschriften und Maßnahmen, die in den 29 in den Blick genommenen verfassungsgerichtlichen Entscheidungen zur Prüfung gestellten wurden, nur in vier Fällen gänzlich unbeanstandet. Im Übrigen ließen die Entscheidungen, soweit sie – wie die meisten – Rechtsnormen betrafen, jedoch in allen Fällen Spielraum für eine verfassungskonforme gesetzliche Ausgestaltung des avisierten informationellen Instruments. Im Wesentlichen hat das Gericht das Sicherheitsverfassungsrecht also durch „Ja, aber…“-Entscheidungen[186] konkretisiert.

Insofern hat das Gericht – ausgehend vom Volkszählungsurteil – einen mittleren Weg gewählt[187] bei dem Versuch, Antworten in Bezug auf das „ewige Thema der Zuordnung von Freiheit und Sicherheit“[188] zu finden.

---

[184] So der Titel des Beitrags von Bäcker in HdB VerfR, § 28.

[185] So BVerfGE 141, 220 (265), diesen Prozess ebendort in Bezug auf verdeckte Informationsbefugnisse als gleichsam gestört beschreibend.

[186] Dieses Verdikt wurde dem Gericht bisher zumeist in Bezug auf die frühen Europa-Entscheidungen zuteil, zuletzt etwa durch v. Ooyen, S. 146.

[187] Einen solchen sieht in der jüngeren Rechtsprechung auch Bäcker, HdB VerfR, § 28, Rn. 49.

[188] Gusy, VVDStRL 63 (2004), S. 151.

Das zugrundeliegende Programm dürfte in einer Formulierung aus dem Urteil zur Rasterfahndung gut beschrieben sein: „Die Balance zwischen Freiheit und Sicherheit darf vom Gesetzgeber neu justiert werden, die Gewichte dürfen jedoch von ihm nicht grundlegend verschoben werden.“[189]

Andererseits lässt sich dem Gericht verfassungspolitisch sicher auch vorhalten, aus dem Grundgesetz viel zu differenzierte formelle und materielle Vorgaben für das Informationsrecht der Sicherheitsbehörden abzuleiten und so die Grenzen seiner Rolle im Verhältnis zum demokratische legitimierten Gesetzgeber zu überschreiten[190]

Indessen hat das Gericht mit der Instrumentalisierung der Verhältnismäßigkeit sowie der Betonung der Rechtsschutzgarantie und der demokratischen Kontrolle durch die Öffentlichkeit rechtsstaatliche Selbstverständlichkeiten zum Anknüpfungspunkt genommen, die es auch in anderen Rechtsbereichen fortwährend zur Anwendung bringt. Zudem hat es inhaltlich mit den Anforderungen an Eingriffsschwellen und Schutzgüter, Zweckbindung sowie an Kontrolle, Verfahren, Transparenz und Rechtsschutz einen verfassungsrechtlichen Rahmen geschaffen, der im Ergebnis im Rahmen professioneller legislativer Arbeit handhabbar sein sollte;[191] als solcher ist er zudem nicht weniger komplex ist, als etwa der vom Gericht in steuerrechtlichen Fragen geschaffene.[192]

---

[189] BVerfGE 115, 320 (360); eine ausführlichere Gegenüberstellung der staatlichen Schutzpflichten für die Rechte der Bürger/innen einerseits und der Verpflichtung zur Wahrung der Grundrechte bei Eingriffen zu diesem Zweck andererseits findet sich in BVerfGE 141, 220 (276 f. m.w.N.) mit der schon in früheren Urteilen verwendeten Formulierung, dass „die Sicherheit des Staates als verfasster Friedens- und Ordnungsmacht und die von ihm – unter Achtung von Würde und Eigenwert des Einzelnen – zu gewährleistende Sicherheit der Bevölkerung Verfassungswerte sind, die mit anderen hochwertigen Verfassungsgütern im gleichen Rang stehen“.

[190] In dieser Richtung etwa die Kritik von Gärditz, EuGRZ 2018, 6 (21 f.); Lindner/Unterreitmeier, DÖV 2017, 90 (93); Möstl, DVBl. 2010, S. 808 ff. sowie die abweichenden Meinungen der Richter Eichberger und Schluckebier zum Urteil zum BKA-G, BVerfGE 141, 220 (353 ff. und 362 ff.).

[191] Kritik an verschiedenen Elementen der Rechtsprechung im Hinblick auf logische Konsistenz und Klarheit einzelner Begriffe aber z.B. bei Bäcker in HdB VerfR, § 28, 101 f., 137 ff. m.w.N.

[192] Siehe aus diesem Bereich etwa BVerfGE 124, 282 ff.

Der Unterschied zu anderen Rechtsbereichen dürfte daher letztlich eher in deren geringeren „Kontrollanfälligkeit“ liegen, die eine Folge der – hier abgesenkten – Anforderungen an die Rechtssatzverfassungsbeschwerde[193] ist.

Der Einwand fehlender richterlicher Selbstbeschränkung („judicial self-restraint“) hätte zudem in Bezug auf das Informationsrecht der Sicherheitsbehörden mehr Gewicht, wenn die Gesetzgeber in diesem Bereich nicht auch immer wieder grundlegende und gefestigte Anforderungen des Gerichts an entsprechende gesetzliche Ermächtigungen außer Betracht gelassen und damit Gelegenheit für eine (erneute) verfassungsgerichtliche Intervention geschaffen hätten.[194]

So bezogen sich die gerichtlichen Vorgaben in überproportional vielen der ausgewerteten Fälle vor allem auf die (jeweils bislang fehlende) Bestimmtheit und Normenklarheit der gesetzlichen Vorgaben sowie auf fehlende oder unzureichende Regelungen hinsichtlich Transparenz, Kontrolle und Rechtsschutz.[195] Diese verfassungsrechtlichen Anforderungen, beanspruchen indessen schon seit dem Volkszählungsurteil Geltung bzw. sind dort angelegt.

Insofern zeugt manche gesetzliche Regelung zum Informationsrecht der Sicherheitsbehörden zumindest nicht von gesetzgeberischem Übereifer in Bezug auf die Vermeidung verfassungsgerichtlicher Intervention. So ermächtigten etwa zwei Landesgesetzgeber vor nicht allzu langer Zeit[196] mittels einer jeweils sehr knapp gehaltenen Vorschrift[197] zur Analyse

[193] Vgl. oben B.I.2.

[194] So auch Rusteberg, KritV 2017, S. 33 f., mit dem Befund, notwendig sei insoweit „ein politischer Wille, der vom Wunsch einer effektiven Begrenzung exekutiver Machtentfaltung getragen sei, statt die verfassungsrechtlichen Grenzen ein jedes Mal aufs Neue auszutesten.“

[195] Siehe die Ergebniszusammenfassungen der Liste im Anhang.

[196] 2018 und 2019.

[197] Die fast gleichlautenden Regelungen (§ 25a HSOG und § 49 HmbPolDVG, Hamburg hatte die Regelung von Hessen übernommen), beschränkte sich auf 172 Worte (Hessen) bzw. 176 Worte (Hamburg). Nachdem die Regelungen vom Bundesverfassungsgericht verworfen worden waren, wurde in Hessen eine Neuregelung geschaffen, die nunmehr 858 Worte umfasst, sich jedoch infolge zahlreicher anderer Defizite erneut erheblichen verfassungsrechtlichen Bedenken ausgesetzt

polizeilicher Datenbestände mittels komplexer algorithmischer Systeme. Diese – sodann zur verfassungsgerichtlichen Prüfung gestellten – Vorschriften ließen in ihrer Pauschalität die zu diesem Zeitpunkt längst gefestigten Grundsätze der dargestellten verfassungsgerichtlichen Rechtsprechung ganz offensichtlich außer Betracht. Das ausführliche Urteil, mit dem das Bundesverfassungsgericht diese Normen verwarf,[198] wäre noch deutlich umfangreicher ausgefallen, wenn nicht die zugrundeliegenden Verfassungsbeschwerden hinsichtlich der Fragen, ob ausreichend gewichtige Schutzgüter benannt sind und ob die Regelungen den Anforderungen an Transparenz, Rechtsschutz, Verfahren und Zweckbindung genügen, mangels Substantiierung unzulässig gewesen wären.[199]

Nicht von der Hand zu weisen ist allerdings, dass der Umfang der verfassungsgerichtlichen Vorgaben sowie ihre Verteilung auf zahlreiche – jeweils auf spezifische Normen bezogene – Entscheidungen eine Durchdringung und Systematisierung jenseits eines wiederkehrenden Grundgerüsts[200] nicht eben einfacher macht und etliche Auslegungsfragen und Konkretisierungsbedarfe hervorbringt. Als entsprechend umfangreich und detailliert erweisen sich auch die jüngeren rechtswissenschaftlichen Ansätze hierzu.[201]

Wie auch immer man das (Verfassungs-)Richterrecht zum Informationsrecht der Sicherheitsbehörden beurteilt,[202] festzuhalten bleibt, dass

---

sieht, vgl. dazu im einzelnen BeckOK PolR Hessen/Bäuerle, 32. Ed. 1.3.2024, HSOG § 25a Rn. 31 ff.

[198] BVerfG, NJW 2023, 1196 bis 1216.

[199] BVerfG, NJW 2023, 1196 (1198 f., Rn. 48).

[200] Also Anforderungen an Eingriffsschwellen, Schutzgüter und Zweckbindung sowie Vorgaben für Kontrolle, Verfahren, Transparenz und Rechtsschutz.

[201] So erstreckt sich der Beitrag von Bäcker in HdB VerfR, § 28 über 47 Seiten, die Darstellung von Schwabenbauer, HdB Polizeirecht, Abschn. G, Rn. 13 - 379 umfasst 109 Seiten.

[202] Abgewogen und überzeugend etwa die Stellungnahme zur These einer Überkonstitutionalisierung des Polizeirechts von Bäcker in HdB VerfR, § 28, Rn. 184 ff., wonach das Bundesverfassungsericht dem Gesetzgeber hinreichende Spielräume belasse und die Alternative einer rein kassatorischen Rechtsprechung zu Rechtsunsicherheit führen würde.

seine – ebenfalls vom Bundesverfassungsgericht geschaffenen – zentralen grundrechtlichen Grundlagen, also das Recht auf informationelle Selbstbestimmung und das Recht auf Vertraulichkeit informationstechnischer Systeme[203] auf weitgehende verfassungspolitische Akzeptanz gestoßen sein dürften. So sind diese Ableitungen des Persönlichkeitsrechts etwa in Hessen – mittels der dort für Verfassungsänderungen erforderlichen Volksabstimmung – ausdrücklich in die Landesverfassung aufgenommen worden.[204]

Hinsichtlich der vom Bundesverfassungsgericht entwickelten Anforderungen an Eingriffe in diese Grundrechte zeigt sich zudem in einigen Punkten eine erstaunliche Parallelität zu Art. 8 der Europäischen Grundrechtecharta (GrCh)[205], der u.a. gewährleistet, dass personenbezogene Daten nur für festgelegte Zwecke und auf gesetzlicher Grundlage verarbeitet werden dürfen, dass jede Person ein Recht auf Auskunft über sie betreffende Daten hat und dass die Einhaltung dieser Rechte von einer unabhängigen Stelle überwacht wird.

Die Anwendbarkeit von Art. 8 GrCh auf das Informationsrecht der Sicherheitsbehörden vorausgesetzt, leitet dieser Befund über zu der Frage, in welchem Verhältnis dessen Konstitutionalisierung zu seiner Europäisierung steht, inwieweit sich hier weitere Parallelen oder auch Inkonsistenzen zeigen und welche Folgen dies für die nationale Gesetzgebung in diesem Bereich hat.

Insoweit wird auch zu klären sein, ob und inwieweit das Bundesverfassungsgericht dadurch seine bisherige zentrale Rolle für das Informationsrecht der Sicherheitsbehörden an den Gerichtshof der Europäischen Union verlieren wird.

---

[203] Zur Herleitung aus Art. 2 Abs. 1 GG oben B.I.1.

[204] Art. 12a HV, eingefügt mit Wirkung vom 22.12.2018 durch Gesetz vom 11.12.2018 (GVBl. S. 741).

[205] Deren Gewährleistungen nach Art. 6 Abs. 1 EUV anerkannt und mit den EU-Verträgen gleichranggig sind. Im Interesse einer Begrenzung des Untersuchungsgegenstands bleiben die sich aus der Europäischen Konvention zum Schutz der Menschenrechte und Grundfreiheiten (EMRK) ergebenden Rechte, die nach Art. 6 Abs. 3 EUV als allgemeine Grundsätze ebenfalls Teil des Unionsrechts sind, im Folgenden außer Betracht.

C. Europäisierung des Informationsrechts der Sicherheitsbehörden

Ausgangspunkt der Europäisierung im Bereich der inneren Sicherheit[206] waren völkerrechtliche Verträge wie das Schengener Übereinkommen[207] zum Abbau von Grenzkontrollen in Europa, der Prümer Vertrag[208] zum Informationsaustausch zur Verhinderung und Verfolgung von Straftaten sowie das Durchführungsübereinkommen (SDÜ)[209] zur Umsetzung des Schengener Übereinkommens.[210] Diese Verträge hatten von Beginn an einen Schwerpunkt im Bereich des Daten- und Informationsaustauschs; im Zuge der Überführung der Übereinkommen in den EU-Rahmen infolge der Verträge von Maastricht, Amsterdam und Lissabon[211] kamen sukzessive auch operative Aspekte der Zusammenarbeit hinzu.[212] Institutionell wurde diese Entwicklung durch die Schaffung von EU-Agenturen wie Europol, Eurojust und FRONTEX, eu-Lisa sowie der Europäischen Staatsanwaltschaft[213] flankiert.

---

[206] Ausführlich zur Geschichte der Europäisierung im Bereich der inneren Sicherheit Aden, HdB Polizeirecht, Abschn. M, Rn. 1 ff; Pfeffer, Vom Verfassungsstaat zur Sicherheitsunion, S. 55 ff.; Schöndorf-Haubold, Europäisches Verwaltungsrecht, § 35, Rn. 17 ff.

[207] GMBl. 1986, S. 79 ff.

[208] Text enthalten im Gesetz vom 10.7.2006 (BGBl. II, 626 ff.), das den Vertrag nach Art. 59 Abs. 2 GG ratifizierte.

[209] Siehe das Gesetz zu dem Schengener Übereinkommen 19. Juni 1990 betreffend den schrittweisen Abbau der Kontrollen an den gemeinsamen Grenzen v. 15.7.1993 (BGBl. II, S 1010) sowie ABl. EU 2000 L 239, S. 19.

[210] Nachweise über weitere einschlägige Verträge bei Aden, HdB Polizeirecht, Abschn. M, Rn. 28, Fn. 55 f.

[211] Dazu bereits oben A. 4 sowie Aden, HdB Polizeirecht, Abschn. M, Rn. 28 f. (mit Hinweisen auf die Übergangsbestimmungen und einzelne Ausnahmen von der Überführung in den EU-Rahmen) sowie Rn. 56 ff. zur Integration der Prüm-Kooperation in die EU.

[212] Zur operativen Zusammenarbeit nach Art. 87 Abs. 3 AEUV und ihren Besonderheiten hinsichtlich des Gesetzgebungsverfahrens Schöndorf Haubold, Besonderes Verwaltungsrecht, § 68, Rn. 27 ff.; dies, Europäisches Verwaltungsrecht, § 35, Rn. 118 ff.

[213] Ausführlich zu den zugrundeliegenden Rechtsakten und der Ausgestaltung Aden, HdB Polizeirecht, Abschn. M, Rn. 98 ff.; Schöndorf-Haubold, Europäisches Verwaltungsrecht, § 35, Rn. 52 ff.; zu Europol auch unten.

I. Harmonisierung im Raum der Freiheit der Sicherheit und des Rechts

In dem inzwischen regulären Politikfeld[214] des Raums der Freiheit der Sicherheit und des Rechts[215] entwickelt(e) die EU nach Art. 87 Abs. 1 AEUV eine „polizeiliche Zusammenarbeit zwischen allen zuständigen Behörden der Mitgliedstaaten, einschließlich der Polizei, des Zolls und anderer auf die Verhütung oder die Aufdeckung von Straftaten sowie entsprechende Ermittlungen spezialisierter Strafverfolgungsbehörden."

Insoweit soll im Folgenden nur der hier relevante Bereich der informationellen sicherheitsbehördlichen Zusammenarbeit in den Blick genommen und unter dem Gesichtspunkt der Reichweite seiner europarechtlichen Harmonisierung untersucht werden.

1. Informationelle Vernetzung der Sicherheitsbehörden

Die Grundlage der bisherigen sicherheitsbehördlichen Zusammenarbeit ist in erster Linie ein informationelles Netzwerk, das sich infolge seiner heterogenen intergouvernementalen Herkunft aus mehrehren Quellen speist. Zentrale Bestandteile sind vor allem das aufgrund des SDÜ geschaffene – inzwischen in der dritten Generation über seinen ursprünglichen Zweck hinaus betriebene[216] – Schengener Informationssystem

[214] Dazu Aden, Sicherheitsunion, S. 458 f.; Schöndorf-Haubold, Besonderes Verwaltungsrecht, § 68, Rn. 17 ff.

[215] Titel V des AEUV (Art. 67 bis 89).

[216] Siehe nunmehr VO (EU) 2018/1862 (Abl. 2018 L 312, S. 56); ursprünglich war das System als sog. Ausgleichsmaßnahme für den Wegfall der Kontrollen an den Binnengrenzen geschaffen worden.

(SIS),[217] das Informations- und Analysesystem (TECS, EIS)[218] von Europol,[219] die – vor allem auf die Migrationsverwaltung bezogenen – Fingerabdruck- und Visadatenbanken (Eurodac und VIS)[220] sowie die Fluggastdatenbank (PNR).[221] Weitere Datenbanken und Informationssysteme sind geplant bzw. in Vorbereitung, ebenso wie die Herstellung und Gewährleistung von Interoperabilität zwischen den Systemen.[222] Diese zentralen Systeme treten neben die Möglichkeiten des dezentralen wechselseitigen Zugriffs auf polizeiliche Datenbanken anderer EU-Mitgliedstaaten innerhalb des Prüm-Rahmens.[223]

---

[217] Geschaffen auf der Grundlage von Art. 92 ff. SDÜ; Rechtsgrundlage für die zweite Generation war Ratsbeschluss 2007/533/JI (ABl. 2007 L 205, S. 63); näher dazu Aden, HdB Polizeirecht, Abschn. M, Rn. 205 ff.; Schöndorf-Haubold, Europäisches Verwaltungsrecht, § 35, Rn. 72 ff.

[218] Näher dazu Aden, HdB Polizeirecht, Abschn. M, Rn. 213 ff.; Schöndorf-Haubold, Europäisches Verwaltungsrecht, § 35, Rn. 79 ff.

[219] Europol ist entstanden aufgrund des 1998 in Kraft getretenen Rechtsakts des Rates v. 26.7.1995 über die Fertigstellung des Übereinkommens aufgrund von Artikel K.3 des Vertrags über die Europäische Union über die Errichtung eines Europäischen Polizeiamts (Europol-Übereinkommen), ABl. 1995 C 316, S. 1 ff.; Europol nahm seine Tätigkeit im Juli 1999 auf. Aufgrund des Vertrags von Amsterdam fand Europol ab 1.5.1999 seine primärrechtliche Rechtsgrundlage in Art. 29 Abs. 2, 30 EUV (Nizza), die zurückgehen auf Art. K.1 und K.2 des Amsterdamer Vertrags; seit dem Vertrag von Lissabon findet sich diese in Art. 88 AEUV. Sekundärrechtlich fand sie sich ab 2009 im Beschluss des Rats vom 6. April 2009 zur Errichtung des Europäischen Polizeiamts (Europol) (2009/371/JI), ABl. 2009 L 121, S. 37 ff. und ab 2016 in der Verordnung (EU) 2016/794 des Europäischen Parlaments und des Rates vom 11.5.2016 über die Agentur der Europäischen Union für die Zusammenarbeit auf dem Gebiet der Strafverfolgung (Europol) und zur Ersetzung und Aufhebung der Beschlüsse 2009/371/JI, 2009/934/JI, 2009/935/JI, 2009/936/JI und 2009/968/JI des Rates (Europol-VO) (ABl. 2016 L 135, S. 53 ff.), zuletzt geändert durch Art. 1 VO (EU) 2022/991 vom 8.6.2022 (ABl. 2022 L 169 S. 1).

[220] Einzelheiten bei Aden, HdB Polizeirecht, Abschn. M, Rn. 213 ff.; Schöndorf-Haubold, Europäisches Verwaltungsrecht, § 35, Rn. 79 ff.

[221] Vertiefend Aden, HdB Polizeirecht, Abschn. M, Rn. 219 ff.; Schöndorf-Haubold, Europäisches Verwaltungsrecht, § 35, Rn. 90.

[222] Verordnung (EU) 2018/1240 des Europäischen Parlaments und des Rates vom 12. September 2018 über die Einrichtung eines Europäischen Reiseinformations- und -genehmigungssystems (ETIAS) und zur Änderung der Verordnungen (EU) Nr. 1077/2011, (EU) Nr. 515/2014, (EU) 2016/399, (EU) 2016/1624 und (EU) 2017/2226 (ABl. L 236, S. 1 ff.), auf deren Grundlage ein EU-Einreise/Ausreisesystem (ETIAS) geschaffen werden soll, dazu eingehend Schöndorf-Haubold, Europäisches Verwaltungsrecht, § 35, Rn. 91 ff. sowie Aden, HdB Polizeirecht, Abschn. M, Rn. 221 ff.; des Weiteren Verordnung (EU) 2019/818 des Europäischen Parlaments und des Rates vom 20. Mai 2019 zur Errichtung eines Rahmens für die Interoperabilität zwischen EU-Informationssystemen (polizeiliche und justizielle Zusammenarbeit, Asyl und Migration) und zur Änderung der Verordnungen (EU) 2018/1726, (EU) 2018/1862 und (EU) 2019/816 (ABl. L 135, S. 85).

[223] Dazu Aden, HdB Polizeirecht, Abschn. M, Rn. 223 ff.; Schöndorf-Haubold, Europäisches Verwaltungsrecht, § 35, Rn. 97 ff.

Diese europarechtlich initiierte informationelle Vernetzung hatten für die deutschen Sicherheitsbehörden zunächst vor allem faktische Folgen. Ihnen standen nunmehr für die Erfüllung ihrer Aufgaben ein erheblicher verbreiterter Datenpool und – etwa mit der Ausschreibung im SIS – neue Instrumente zur Verfügung.

2. Punktuelle unmittelbare Harmonisierung des mitgliedstaatlichen Sicherheitsinformationsrecht

Mit diesem zentralisierten und dezentralen Informations- und Datenaustausch der Sicherheitsbehörden ist bisher indessen eine Europäisierung ihres Informationsrechts – verstanden als Harmonisierungsanforderung an das nationale Recht oder seine Anwendung – nur bedingt verbunden.

Zwar enthalten die Rechtsakte zur Errichtung der Agenturen sowie der großen Datenbanken umfangreiche Regelungen zur Daten- und Informationsverarbeitung, -speicherung und –übermittlung sowie zum Datenschutz,[224] diese gelten jedoch in erster Linie für die damit betrauten Agenturen und Einrichtungen der EU selbst. Die insoweit getroffenen Regelungen lassen also das mitgliedschaftliche Recht unberührt.

Lediglich einzelne Rechtsakte verpflichten die Mitgliedsstaaten zu der Durchführung von Maßnahmen oder dem Erlass von Vorschriften in Bezug das Informationsrecht der Sicherheitsbehörden und bewirken damit punktuell Harmonisierungen in diesem Bereich. Zu nennen ist zum einen die PNR-Richtlinie,[225] die vorschreibt, Zentralstellen für Fluggastdaten einzurichten und die Fluggesellschaften zur Erhebung und Übermittlung dieser Daten zu verpflichten und diese Daten über die Zentral-

---

224 Ausführlich dazu Schöndorf Haubold, Besonderes Verwaltungsrecht, § 68, Rn. 43 f. m.w.N.

225 Richtlinie (EU) 2016/681 des Europäischen Parlaments und des Rates vom 27. April 2016 über die Verwendung von Fluggastdatensätzen (PNR-Daten) zur Verhütung, Aufdeckung, Ermittlung und Verfolgung von terroristischen Straftaten und schwerer Kriminalität (ABl. L 119, S. 132 ff.).

stelle mit den Behörden anderer Mitgliedstaaten oder Europol auszutauschen.[226] Zum anderen ist die Interoperabilitäts-VO[227] zu nennen, die Daten- und informationstechnische Vorgaben für die Mitgliedstaaten in Bezug auf die (teils ihrerseits verpflichtende) Einspeisung von Daten in die europäischen Systeme.

II. (Gescheiterte) Teilharmonisierung über die Binnenmarktkompetenz

Eine weiterreichende Harmonisierung hätte die Richtlinie über die Vorratsdatenspeicherung bestimmter Kommunikationsdaten[228] zur Folge gehabt. Deren Umsetzung in Deutschland hatte das Bundesverfassungsgericht zwar unter Verhältnismäßigkeitsgesichtspunkten für verfassungswidrig erklärt.[229] Dabei hatte es jedoch weder die Zulässigkeit einer anlasslos und flächendeckend durchgeführte Speicherung von Telekommunikations-Verkehrsdaten als solche noch die Wirksamkeit der zugrundeliegenden Richtlinie in Frage gestellt.[230]

Der Europäische Gerichtshof[231] hatte zuvor – ohne eine materielle Prüfung durchzuführen – festgestellt, dass die Richtlinie auf die Kompetenz

[226] Schöndorf-Haubold, Besonderes Verwaltungsrecht, § 68, Rn. 47.

[227] Verordnung (EU) 2019/817 des Europäischen Parlaments und des Rates vom 20. Mai 2019 zur Errichtung eines Rahmens für die Interoperabilität zwischen EU-Informationssystemen in den Bereichen Grenzen und Visa und zur Änderung der Verordnungen (EG) Nr. 767/2008, (EU) 2016/399, (EU) 2017/2226, (EU) 2018/1240, (EU) 2018/1726 und (EU) 2018/1861 des Europäischen Parlaments und des Rates, der Entscheidung 2004/512/EG des Rates und des Beschlusses 2008/633/JI des Rates (ABl. L 135, S. 27 ff.); dazu Schöndorf-Haubold, Besonderes Verwaltungsrecht, § 68, Rn. 50.

[228] Richtlinie 2006/24/EG des Europäischen Parlaments und des Rates vom 15. März 2006 über die Vorratsspeicherung von Daten, die bei der Bereitstellung öffentlich zugänglicher elektronischer Kommunikationsdienste oder öffentlicher Kommunikationsnetze erzeugt oder verarbeitet werden, und zur Änderung der Richtlinie 2002/58/EG (ABl. L 105, S. 54 ff.).

[229] BVerfGE 125, 260 ff.

[230] BVerfGE 125, 260 (LS 1 und 306 ff.; auf den Vorrang der Richtlinie komme es daher nicht an (308 f.)).

[231] EuGH, EuZW 2009, 212 ff. (mit Anm. Petri); die Entscheidung wird vom Bundesverfassungsgericht in Bezug genommen (BVerfGE 126, 260 (308)).

der EU zur Regelung des Binnenmarkt[232] habe gestützt werden können,[233] obwohl Art. 1 Abs. 2 der Richtlinie als Zwecke der Speicherung die Ermittlung, Feststellung und Verfolgung von schweren Straftaten vorsah.

Diese sehr umstrittene Frage, ob die Heranziehung der Binnenmarktkompetenz mit dem Prinzip der begrenzten Einzelermächtigung vereinbar sei,[234] erübrigte sich jedoch, nachdem der Europäische Gerichtshof fünf Jahre später die Richtlinie aus materiellen Gründen für ungültig erklärt hatte. Der durch die Richtlinie vorgenommene Eingriff in die Rechte aus Art. 7 und 8 GrCh sei nach Art. 51 GrCh nicht gerechtfertigt.[235]

III. Mittelbare Angleichung über das Erfordernis der Unionsrechtskonformität des Informationsrechts der Sicherheitsbehörden

Dass eine direkte Harmonisierung insoweit im Ergebnis bisher nur in Randbereichen stattgefunden hat, bedeutet allerdings nicht, dass das EU-Recht bei der Anwendung des nationalen Informationsrechts der Sicherheitsbehörden gänzlich außer Betracht bleiben könnte.

Dies betrifft zwar nicht die Einhaltung der Rechte aus der GrCh, da die Charta bei der Schaffung und Anwendung (rein) nationalen Rechts durch die Mitgliedstaaten nach Art. 51 Abs. 1 S. 1 GrCh keine Anwendung findet. Jedoch verlangt der Vorrang des Unionsrechts[236] die Einhaltung aller (anderen) Rechtsakte der EU.

---

232 Art 95 Abs. 1 EGV (Nizza).

233 Zur Kritik der Entscheidung des EuGH m.w.N. Schöndorf-Haubold, Europäisches Verwaltungsrecht, § 35, Rn. 134 (Nachweise in Fn. 488).

234 Dazu ausführlich Terhechte, EuZW 2009, 199 ff.

235 EuGH EuZW 2014, 459 ff.; dies nicht ohne zuvor noch Schweden durch Urt. v. 30.5.1013 (BeckRS 2013, 81096) wegen verspäteter Umsetzung der RL verurteilt zu haben.

236 Eingehend dazu Nettesheim, Grabitz/Hilf/Nettesheim/Nettesheim, Art. 1 AEUV, Rn. 71 ff.

Mit einem solchen Rechtsakt kollidierten die im Nachgang zur Aufhebung der Richtlinie zur Vorratsdatenspeicherung unternommenen mitgliedschaftlichen Versuche, die Telekommunikationsanbieter auf nationaler Ebene gesetzlich zu einer anlasslose flächendeckenden Vorratsdatenspeicherung zu verpflichten.

Der Europäische Gerichtshof verwarf diese Regelungen – zuletzt die Deutschlands – bzw. die Anwendung entsprechender Normen in mehreren Fällen, weil (eine) solche der Regelung des Art. 15 Abs. 1 der Datenschutzrichtlinie für elektronische Kommunikation[237] entgegenstehe.[238] Art. 15 Abs. 1 RL 2002/58/EG lässt zwar Einschränkungen der Datenschutzrechte und des Schutzes der Privatheit zu Zwecken der nationalen und öffentlichen Sicherheit sowie zur Verhütung, Ermittlung, Feststellung und Verfolgung von Straftaten zu, dies jedoch nur, soweit dies in einer demokratischen Gesellschaft notwendig, angemessen und verhältnismäßig ist. Dies sah der Europäische Gerichtshof bei der gebotenen Auslegung der Richtlinie im Lichte der Art. 7, 8 und 11 und von Art. 52 Abs. 1 GrCh jeweils als nicht gegeben.[239]

Somit können Rechtsakte aus Kompetenzbereichen jenseits des sicherheitsbehördlichen Informationsrechts mit der Anwendung des nationalen Rechts aus diesem Bereich kollidieren. Es erfolgt(e) auf diesem Weg eine mittelbare Angleichung des Informationsrechts der Sicherheitsbehörden über das Erfordernis der Unionsrechtskonformität allen mitgliedstaatlichen Handelns.[240]

---

[237] RL 2002/58/EG des Europäischen Parlaments und des Rates vom 12.7.2002 über die Verarbeitung personenbezogener Daten und den Schutz der Privatsphäre in der elektronischen Kommunikation (Datenschutzrichtlinie für elektronische Kommunikation, Abl. L 201, S. 37 ff.) in der durch die RL 2009/136/EG des Europäischen Parlaments und des Rates vom 25.11.2009 geänderten Fassung (ABl. L 337, S. 11 ff.).

[238] EuGH, ZD 2022, 666 ff. (bezogen auf §§ 113a, b TKG a.F.); EuGH, NVwZ 2022, 1697 ff. (mit Anm. Graulich); EuGH, NJW 2021, 531 ff. (mit Anm. Ogorek); EuGH, ZD 2021, 517 ff.; EuGH, GSZ 2021, 36 ff. (mit Anm. Baumgartner); EuGH, NJW 2017, 717 ff.

[239] EuGH, ZD 2022, 666 ff.; EuGH, NVwZ 2022, 1697 ff.; EuGH, NJW 2021, 531 ff.; EuGH, ZD 2021, 517 ff.; EuGH, GSZ 2021, 36 ff.; EuGH, NJW 2017, 717 ff.

[240] Schöndorf-Haubold, Europäisches Verwaltungsrecht, § 35, Rn. 135.

Dieses Verständnis steht zwar für das Politikfeld der inneren Sicherheit in einem Spannungsverhältnis zu dem in Art. Art. 4 Abs. 2 S. 3 EUV zum Ausdruck kommenden Souveränitätsvorbehalt der Mitgliedsstaaten bezüglich der öffentlichen Ordnung und nationalen Sicherheit. Dem begegnet der Gerichtshof indessen in ständiger Rechtsprechung mit der Feststellung, es zwar Sache der Mitgliedstaaten, ihre wesentlichen Sicherheitsinteressen festzulegen und die geeigneten Maßnahmen zu ergreifen, um ihre innere und äußere Sicherheit zu gewährleisten; doch könne die bloße Tatsache, dass eine nationale Maßnahme zum Schutz der nationalen Sicherheit getroffen worden sei, nicht dazu führen, dass das Unionsrecht unanwendbar sei und die Mitgliedstaaten von der erforderlichen Beachtung dieses Rechts entbunden würden.[241]

[241] EuGH, GSZ 2021, 36 (38) mit Nachweisen vorangegangener Entscheidungen; diesem Verständnis folgend Karpenstein/Sangi, GZS 2020, 162 ff.; erfasst von der nationalen Sicherheit i.S.d. Art. 4 Abs. 2 S. 3 EUV sei nur ein „sehr enger Kernbereich nationaler Sicherheitsinteressen“ (S. 168).

IV. Unmittelbare Harmonisierung aufgrund der allgemeinen Datenschutzkompetenz (Art. 16 AEUV)

Erst recht ohne Kollision mit dem Souveränitätsvorbehalt konnte infolgedessen 2018 die direkte datenschutzrechtliche Harmonisierung des Informationsrechts der Sicherheitsbehörden durch JI-RL[242] erfolgen, die auf die in den allgemeinen Bestimmungen des AEUV angesiedelte Kompetenznorm des Art. 16 Abs. 2 AEUV gestützt wurde.

1. Geltungsbereich und Struktur der JI-RL

Die Richtlinie harmonisiert entsprechend ihrem Gegenstand (Art. 1 Abs. 1 JI-RL) den Datenschutz in Bezug auf die Datenverarbeitung durch die zuständigen Behörden zum Zwecke der Verhütung, Ermittlung, Aufdeckung oder Verfolgung von Straftaten oder der Strafvollstreckung, einschließlich des Schutzes vor und der Abwehr von Gefahren für die öffentliche Sicherheit.

In der Struktur folgt sie dem Konzept der DSGVO, d.h. die sicherheitsbehördliche Datenverarbeitung muss stets erforderlich sein und auf gesetzlicher Grundlage erfolgen, so dass eine Verarbeitung alleine aufgrund von Einwilligung nicht möglich ist.[243] Sie verlangt des Weiteren, dass Ziele, Datenkategorien und Zwecke gesetzlich geregelt werden und sieht Vorgaben für eine Vielzahl von Pflichten der Verantwortlichen sowie Rechte der Betroffenen vor. Schließlich sind technische Datenschutzstandards und Übermittlungsvorschriften zu regeln.[244]

---

[242] Dazu schon oben A.I.4. Die JI-RL ersetzt den Rahmenbeschlusses 2008/977/JI des Rates (ABl. L 119 S. 89, ber. 2018 L 127 S. 9 und 2021 L 74 S. 36), der allerdings nur für den Datenaustausch unter den Mitgliedstaaten und mit EU Einrichtungen anwendbar war, siehe auch Schöndorf-Haubold, Besonderes Verwaltungsrecht, § 68, Rn. 41.

[243] Schröder, BeckOK Polizei- und Sicherheitsrecht Bayern, Systematische und begriffliche Vorbemerkungen, Datenschutzrechtliche Einführung JI-RL, Rn.43 ff.; Schöndorf-Haubold, Besonderes Verwaltungsrecht, § 68, Rn. 41

[244] Instruktiv die Übersichten bei Schröder, BeckOK Polizei- und Sicherheitsrecht Bayern, Systematische und begriffliche Vorbemerkungen, Datenschutzrechtliche Einführung JI-RL, Rn.1 ff.; Schöndorf-Haubold, Besonderes Verwaltungsrecht, § 68, Rn. 40 f.

Die JI-RL war durch den Bundes- und die Landesgesetzgeber in den Polizei- und/oder Datenschutzgesetzen umzusetzen, was inzwischen überwiegend stattgefunden hat.[245]

[245] Vgl. zum Stand der Umsetzung Schröder, BeckOK Polizei- und Sicherheitsrecht Bayern, Systematische und begriffliche Vorbemerkungen, Datenschutzrechtliche Einführung JI-RL, Rn. 54 ff.

2. Anwendbarkeit auf die Verfassungsschutzbehörden

In Bezug auf die hier betrachteten Behörden stellt sich insoweit die Frage, ob mit der JI-RL auch der Datenschutz im Bereich der Nachrichtendienste harmonisiert wurde. Für den klassischen Tätigkeitsbereich der Verfassungsschutzbehörden[246] dürfte sich dies – gerade auch mit Blick auf Art. 4 Abs. 2 S. 3 EUV – unproblematisch verneinen lassen.

Nicht so klar ist die Situation indessen bezüglich der unter „Verpolizeilichung" firmierenden[247] erweiterten Aufgaben etlicher Verfassungsschutzbehörden, wie deren Erstreckung auf die Beobachtung von terroristischen Bestrebungen oder Tätigkeiten der organisierten Kriminalität.[248] Hier lässt sich die Nichtanwendung der JI.-RL – ohne dass dies schon umfassender diskutiert würde – nur schwer begründen.[249] Erst recht gilt dies, wenn sich die Verfassungsschutzbehörden – etwa durch die Veranlassung von Schengen-Ausschreibungen und die Verarbeitung der daraus resultierenden Daten – selbst in den Anwendungsbereich des Unionsrechts begeben (dürfen).[250]

V. Unionsverfassungsrechtliche Anforderungen des Europäische Gerichtshofs

Wie sich bereits gezeigt hat, war der Europäische Gerichtshof schon im Zusammenhang mit der Richtlinie zur Vorratsdatenspeicherung aufgerufen, die unionsverfassungsrechtlichen Vorgaben für das Informationsrecht der Sicherheitsbehörden zu konkretisieren. Eine weitere Gelegenheit hierzu erhielt er kürzlich auf eine Vorlage des belgischen Verfassungsgerichtshofs in Bezug auf die PNR-RL.

---

[246] Vgl. oben A.I.1.

[247] Siehe etwa Bäcker, HdB VerfR, § 28, Überschrift vor Rn. 33.

[248] Auch dazu oben A.I.1. sowie beispielhaft § 3 Abs. 2 Nr. 3 HVerfSchG.

[249] So auch Schöndorf-Haubold, Besonderes Verwaltungsrecht, § 68, Rn. 41.

[250] Wie dies etwa in § 17 Abs. 3 BVerfSchG vorgesehen ist.

1. Vorratsdatenspeicherung

In Bezug auf die Vorratsdatenspeicherung hatte der Europäische Gerichtshof in seiner durch Art. 7, 8 und 11 und von Art. 52 Abs. 1 GrCh angeleiteten Auslegung des Art. 15 Abs. 1 der Datenschutzrichtlinie für elektronische Kommunikation zunächst ausgeführt, dass der durch die Vorratsdatenspeicherung vorgenommene Eingriff in Art. 7 und 8 GrCh von großem Ausmaß und als besonders schwerwiegend anzusehen sei; außerdem sei der Umstand, dass die Vorratsspeicherung und die spätere Nutzung der Daten vorgenommen werden, ohne dass der Teilnehmer oder der registrierte Benutzer darüber informiert werde, geeignet, bei den Betroffenen das Gefühl zu erzeugen, dass ihr Privatleben Gegenstand einer ständigen Überwachung sei.[251]

Anlasslos und flächendeckend sei eine Vorratsdatenspeicherung nur ausnahmsweise und befristet mit Art. 15 Abs. 1 der Datenschutzrichtlinie für elektronische Kommunikation vereinbar, wenn sich der Staat einer als real und aktuell oder vorhersehbar einzustufenden ernsten Bedrohung für die nationale Sicherheit gegenübersehe, sofern die Anordnung hierzu Gegenstand einer wirksamen, zur Prüfung des Vorliegens einer solchen Situation sowie der Beachtung bestimmter Bedingungen und Garantien dienenden Kontrolle durch ein Gericht oder eine unabhängige Verwaltungsstelle sei, deren Entscheidung bindend sei, und sofern die auf einen solchen Zweck beschränkte Anordnung wiederum auf das absolut Notwendige begrenzt werde.[252]

Der Europäische Gerichtshof errichtete damit im Ergebnis zwar striktere Anforderungen als zuvor das Bundesverfassungsgericht, näherte sich dessen oben dargestellter Judikatur jedoch in Struktur und Inhalt der Begründung deutlich an.

[251] EuGH, EuZW 2014, 459 (461).

[252] EuGH, NJW 2021, 531 (1. LS).

2. Fluggastdatenspeicherung

Noch deutlicher zeigt sich diese Parallelität in der Entscheidung des Europäischen Gerichtshofs zur PNR-Richtlinie.

Die PNR-RL schreibt zur Bekämpfung von Terrorismus und schwerer Kriminalität die systematische Speicherung und Verarbeitung einer großen Zahl von Fluggastdaten von Flügen zwischen der Union und Drittstaaten (Drittstaatsflüge) bei der Ein- und Ausreise aus der Union vor; die Anwendung des Systems auf Flüge auch innerhalb der Union (EU-Flüge) ist zwar nicht vorgeschrieben, aber zulässig.

Auf zahlreiche vom Belgischen Verfassungsgerichtshof vorgelegte Fragen stellte der Gerichtshof fest, dass die RL im Lichte der der Rechte aus Art. 7, 8 und und Art. 52 Abs. 1 GrCh auszulegen seien, wobei das vom Unionsgesetzgeber zugrunde gelegte hohe Datenschutzniveau einzuhalten sei.[253]

Die durch die PNR-RL vorgenommenen Grundrechtseingriffe wögen schwer, insbesondere soweit sie auf die Schaffung eines Systems kontinuierlicher, nicht zielgerichteter und systematischer Überwachung abzielten, das die automatisierte Überprüfung personenbezogener Daten sämtlicher Reisenden einschließe.[254]

Die dem Gemeinwohl dienende Zielsetzung der PNR-RL rechtfertigten diese Eingriffe nur dann, wenn die vorgesehene Übermittlung, Verarbeitung und Speicherung von PNR-Daten auf das für die Bekämpfung terroristischer Straftaten und schwerer Kriminalität absolut Notwendige beschränkt werde. Dazu müsse sich das System auf die in der PNR-RL klar identifizierbaren und umschriebenen Informationen im Zusammenhang mit Flug und Passagier beschränken. Die Anwendung des Systems müsse auf terroristische Straftaten und schwere Kriminalität mit einem

---

[253] EuGH, BeckRS 2022, 13847, Rn 88 ff. (in den Ausführungen vor Rn. 88 zuvor beantwortet der Gerichtshof Fragen zum Anwendungsbereich der PNR-RL in Abgrenzung zu anderen Rechtsakten der Union.

[254] EuGH, BeckRS 2022, 13847, Rn. 98 ff., (unvollständig abgedruckt auch in ZD 2022, 533 ff. (mit Anm. Schild)).

zumindest mittelbaren objektiven Zusammenhang mit der Beförderung von Fluggästen beschränkt werden und dürfe nicht auf gewöhnliche Kriminalität ausgedehnt werden. Die Anwendung auf alle oder einen größeren Teil der EU-Flüge müsse sich auf das absolut Notwendige beschränken und Gegenstand einer wirksamen, bindenden Kontrolle durch ein Gericht oder eine unabhängige Verwaltungsstelle sein.[255]

Etwas anderes gelte nur in einer Situation, in der es hinreichend konkrete Umstände für die Annahme gibt, dass ein Mitgliedsstaat mit einer als real und aktuell oder vorhersehbar einzustufenden terroristischen Bedrohung konfrontiert ist, aber auch dann seien die Grenzen des absolut Notwendigen einzuhalten. Ohne eine solche Bedrohung dürfe die Anwendung der Richtlinie nicht auf alle EU-Flüge ausgedehnt werden, sondern müsse anlassbezogen auf bestimmte Flugverbindungen, Reisemuster oder Flughäfen beschränkt bleiben.[256]

Für die Zwecke der Vorabüberprüfung der Daten zur Ermittlung der nach Ankunft oder vor Abflug genauer zu überprüfenden Personen dürften die Daten nur mit auf Terrorismus oder schwere Straftaten beschränkten Fahndungs- und Ausschreibungsdatenbanken abgeglichen werden, die zudem frei von Diskriminierung sein müssten. Zur Vorabprüfung dürfe keine künstliche Intelligenz eingesetzt, die ohne menschliche Einwirkung und Kontrolle den Bewertungsprozess oder die Bewertungskriterien abändern könne.[257]

Die Kriterien der Vorabüberprüfung seien so festzulegen, dass sie speziell auf Personen abzielen, bei denen der begründete Verdacht einer Beteiligung an terroristischen Straftaten oder schwerer Kriminalität bestehe, wobei sowohl belastende als auch entlastende Gesichtspunkte zu berücksichtigen seien. Die Kriterien dürften nicht zu unmittelbaren oder mittelbaren Diskriminierungen führen. Angesichts der Fehlerquote, die solchen automatisierten Verarbeitungen der PNR-Daten innewohne und der erheblichen Zahl „falsch positiver" Ergebnisse, die bisher bei ihrer

[255] EuGH, BeckRS 2022, 13847, Rn. 141 ff.

[256] EuGH, BeckRS 2022, 13847, Rn. 171 f.

[257] EuGH, BeckRS 2022, 13847, Rn. 172 f.

Anwendung aufgetreten seien, hänge die Eignung des durch die PNR-Richtlinie geschaffenen Systems zur Erreichung der verfolgten Ziele im Wesentlichen von einer ordnungsgemäßen nicht automatisierten Überprüfung der im Rahmen dieser Verarbeitungen erzielten Treffer ab. Die Mitgliedstaaten hätten insoweit klare und präzise Regeln vorzugeben, die von den Überprüfenden bei der Analyse anzuwenden seien.[258]

Nach Ankunft oder Abflug der betreffenden Person dürfe eine Verarbeitung der PNR-Daten nur aufgrund neuer Umstände und objektiver Anhaltspunkte erfolgen, die entweder geeignet seien, den begründeten Verdacht einer Beteiligung dieser Person oder die Annahme eines wirksamen Beitrags der Verarbeitung zur Bekämpfung terroristischer Straftaten begründeten. Die Verarbeitung müsse in diesem Fall einer wirksamen vorherigen Kontrolle durch ein Gericht oder eine unabhängige Behörde unterzogen werden. Die Anordnung einer allgemeinen fünfjährigen Speicherfrist nach Ablauf der Regelspeicherfrist von sechs Monaten sei unzulässig.[259]

VI. Zusammenfassung und Schlussfolgerungen

Somit lässt sich festhalten, dass eine Europäisierung des Informationsrechts der Sicherheitsbehörden aus mitgliedstaatlicher Sicht bisher vor allem faktisch durch die informationelle Vernetzung der europäischen Sicherheitsbehörden und die damit verbundene Erweiterung des zur Verfügung stehenden Datenbestands und der zur Verfügung stehenden Instrumente eingetreten ist.

Eine Europäisierung im Sinne einer Harmonisierung durch Rechtsakte der EU hat unmittelbar zunächst nur punktuell stattgefunden. Durch die JI-RL wurde dann jedoch eine – zwar auf den Datenschutz beschränkte, infolge von dessen umfassender Bedeutung für die Anwendung des Informationsrechts jedoch deutlich breitere – Angleichung auf nationaler

[258] EuGH, BeckRS 2022, 13847, Rn. 198 ff.

[259] EuGH, BeckRS 2022, 13847, Rn. 248 ff.

Ebene vorgesehen. Insoweit stehen erste Urteile des Europäische Gerichtshofs zu Reichweite und Auslegung der JI-RL sicherlich alsbald zu erwarten.

Darüber hinaus war und ist der Europäische Gerichtshof im Hinblick auf das Erfordernis der Unionsrechtskonformität mitgliedstaatlichen Handelns ohnehin ein bedeutender Akteur für das nationale Informationsrecht der Sicherheitsbehörden. Dessen bisher aus Art. 7, 8 und 52 Abs. 1 GrCh abgeleiteten Anforderungen an die europarechtlichen Regelungen von Informationseingriffen der Sicherheitsbehörden oder sonstige flankierende Rechtsakte fügen sich jedoch inhaltlich weitgehend bruchlos in das vom Bundesverfassungsgericht errichtete Grundgerüst für die verfassungsrechtliche Prüfung entsprechender Eingriffsermächtigungen.

Beide Gerichte stellen – letztlich unter Verhältnismäßigkeitsgesichtspunkten – Anforderungen an Eingriffsschwellen, Schutzgüter und Zweckbindung und verlangen Vorgaben für Kontrolle, Verfahren, Transparenz und Rechtsschutz. Beide variieren die Strenge dieser Anforderungen anhand der Eingriffsintensität und sind sich dabei auch über die Kriterien zu deren Beurteilung weitgehend einig. Sowohl in Luxemburg als auch in Karlsruhe wird gleichsinnig etwa mit dem mit verdeckten und/oder flächendeckenden Eingriffen potentiell einhergehende Gefühl der Überwachung argumentiert sowie den besonderen Risiken Algorithmen- bzw. KI-gesteuerten Analysesysteme für den Grundrechtsschutz.

Wenn auch Diktionen und Begrifflichkeiten in den jeweiligen Urteilen nicht (vollständig) aneinander angepasst sind, scheint doch von beiden Gerichten die Rechtsprechung des jeweils anderen Gerichts aufmerksam wahrgenommen zu werden.[260]

---

[260] Britz, NJW 2021, 1489 (1495) spricht von einer intensiven wechselseitigen Entscheidungsrezeption; eine solche zeigen für das Bundesverfassungsgericht nicht zuletzt die Bezugnahmen auf den EuGH, etwa in BVerfGE 130, 151 (177 f.); BVerfGE 141, 220 (282); BVerfGE 155, 119 (162 ff.); BVerfGE 156, 11 (35 ff.) und zuvor schon in BVerfG, NJW 2015, 3151 (3155) und BVerfG, NJW 2017, 717.

Offen ist bisher allerdings die resultierende Frage, wie die Zuständigkeiten der beiden Gerichte in Bezug auf das (teil-)europäisierte mitgliedschaftliche Informationsrecht der Sicherheitsbehörden voneinander abzugrenzen sind.

Klar ist insoweit zunächst, dass die Grundrechte der GrCh nach deren Art. 51 Abs. 1 S. 1 bei der Schaffung und Anwendung mitgliedstaatlichen Rechts, das außerhalb der Kompetenzen der EU zu verorten ist, keine Anwendung finden, mithin die nationalen Gerichte bis hin zum Bundesverfassungsgericht zuständig sind.
Klar ist auch, dass dem Europäische Gerichtshof aufgrund von Art. 19 Abs. 1 EUV, Art. 267 Abs. 3 AEUV die Letztentscheidungskompetenz in Bezug auf Fragen der Anwendung und Auslegung des Unionsrechts zukommt. Zwischen diesen beiden Bereichen blieb und bleibt jedoch ein breiter Raum für Abgrenzungsfragen.

D. Das europäisierte Informationsrecht der Sicherheitsbehörden zwischen Luxemburg und Karlsruhe

Diese Abgrenzungsfragen zum Verhältnis des Bundesverfassungsgerichts zum Europäischen Gerichtshof sowie die Möglichkeit der Anwendung der Grundrechte des Grundgesetzes in europarechtlich determinierten Bereichen sind in einer wechselvollen Geschichte, die erst jüngst einen (vorläufigen) Abschluss gefunden hat, unterschiedlich beantwortet worden.

I. „Solange-Rechtsprechung" des Bundesverfassungsgerichts

Zunächst war dieses Verhältnis Gegenstand der sog. Solange-Rechtsprechung des Bundesverfassungsgerichts. In deren Ausgangspunkt hatte das Gericht die Berufung auf die Grundrechte des Grundgesetzes gegenüber europäischen Rechtsakten oder ihrer Anwendung trotz des Anwendungsvorrangs des Europarechts noch für zulässig gehalten hatte, solange ein gleichwertiger Grundrechtsschutz auf Unionsebene nicht garantiert sei (Solange I).[261] Sodann erklärte es die Grundrechte des GG für unanwendbar und sich für unzuständig, solange gleichwertiger Grundrechtsschutz durch den Europäischen Gerichtshof – trotz Fehlens kodifizierter Grundrechte der Europäischen Gemeinschaft – gewährleistet werde (Solange II).[262]

---

[261] BVerfGE 37, 271 ff., der Leitsatz lautet in Gänze: „Solange der Integrationsprozeß der Gemeinschaft nicht so weit fortgeschritten ist, daß das Gemeinschaftsrecht auch einen von einem Parlament beschlossenen und in Geltung stehenden formulierten Katalog von Grundrechten enthält, der dem Grundrechtskatalog des Grundgesetzes adäquat ist, ist nach Einholung der in Art. 177 des Vertrags geforderten Entscheidung des EuGH die Vorlage eines Gerichts der Bundesrepublik Deutschland an das BVerfG im Normenkontrollverfahren zulässig und geboten, wenn das Gericht die für es entscheidungserhebliche Vorschrift des Gemeinschaftsrechts in der vom *EuGH* gegebenen Auslegung für unanwendbar hält, weil und soweit sie mit einem der Grundrechte des Grundgesetzes kollidiert."

[262] BVerfGE 73, 399 ff.; hier lautet der Leitsatz: „Solange die Europäischen Gemeinschaften, insbesondere die Rechtsprechung des Gerichtshofs der Gemeinschaften einen wirksamen Schutz der Grundrechte gegenüber der Hoheitsgewalt der Gemeinschaften generell gewährleisten, der dem vom Grundgesetz als unabdingbar gebotenen Grundrechtsschutz im wesentlichen gleichzuachten ist, zumal den Wesensgehalt der Grundrechte generell verbürgt, wird das BVerfG seine Gerichtsbarkeit über die Anwendbarkeit von abgeleitetem Gemeinschaftsrecht, das als Rechtsgrundlage für ein Verhalten deutscher Gerichte oder Behörden im Hoheitsbereich der Bundesrepublik Deutschland in Anspruch genommen wird, nicht mehr ausüben und dieses Recht mithin nicht mehr am Maßstab der Grundrechte des Grundgesetzes überprüfen; entsprechende Vorlagen nach Art. 100 GG sind somit unzulässig."

Das Bundesverfassungsgericht zog sich also aus der Überprüfung des Gemeinschaftsrechts zurück, hielt und hält sich allerdings – gleichsam als Reservevorbehalt, derin der Solange-Rechtsprechung wurzelt – eine sog. ultra-vires- bzw. Identitätskontrolle offen, d.h. die Möglichkeit, im Einzelfall zu überprüfen, ob die Europäische Union jenseits ihrer Kompetenzen gehandelt oder durch einen Rechtsakt der EU oder eine darauf beruhende Entscheidung die Verfassungsidentität der Bundesrepublik verletzt wird;[263] in einem solchen Fall entscheide es selbst anhand der Maßstäbe des Grundgesetzes.[264]

Im Übrigen erkannte es die Letztentscheidungskompetenz des Europäischen Gerichtshofs an; dieser sei hinsichtlich der Auslegung und Anwendung des Unionsrechts gesetzlicher Richter i.S.d. Art. Art. 101 Abs. 1 S. 2 GG, so dass beim Bundesverfassungsgericht – immerhin aber auch nur – eine Verletzung von Art. 101 Abs. 1 S. 2 GG gerügt werden könne, wenn ein Gericht der Fach- oder ordentlichen Gerichtsbarkeit es entgegen der Pflicht aus Art. 267 Abs. 3 AEUV unterlasse, dem Europäischen Gerichtshof ein Verfahren vorzulegen.[265]

Diese deckt sich insoweit mit der Rechtsprechung des Europäischen Gerichtshofs, als dieser mitgliedstaatliche Rechtsprechung als unionsrechtswidrig verwirft, wenn sie den nationalen Gerichten die Befugnis absprach – gegebenenfalls in Zusammenarbeit mit dem Gerichtshof nach Art. 267 AEUV – die Vereinbarkeit unionsrechtliche determinierter Regelungen mit der GrCh umfassend zu beurteilen.[266]

---

[263] BVerfGE 123, 267 (353 f.); BVerfGE 134, 366 (382 ff.); BVerfGE 140, 317 (336 f.); BVerfGE 142,123 (194 ff.); BVerfGE 146, 216 (252 ff.); BVerfGE 151, 202 (287 ff.); BVerfGE 152, 216 (236).

[264] Diesen Reservevorbehalt hat bisher nur der zweite Senat des Gerichts in einem Fall aktiviert, nämlich in BVerfGE 154, 117 ff. in Bezug auf EZB-Staatsanleihen,

[265] BVerfGE 82, 159 (192); BVerfGE 129, 78 (105 ff.); 147, 364 (380).

[266] EuGH; NJW 2013, 1415 ff. mit zahlreichen Nachweisen aus der eigenen Rechtsprechung.

II. „Recht-auf-Vergessen"-Rechtsprechung des Bundesverfassungsgerichts

Der erste Senat des Bundesverfassungsgerichts hat diesen Stand nun insoweit fortentwickelt, als er für die Kompetenzabgrenzung differenziert zwischen unionsrechtlich vollständig determinierten nationalen Vorschriften (etwa im Bereich von Verordnungsrecht) und solchen, bei denen das Unionsrecht den Mitgliedstaaten Spielraum belässt (etwa im Bereich von Richtlinienrecht).[267]

In Konstellationen, in denen das Unionsrecht Umsetzungsspielraum lasse, könne unter bestimmten Voraussetzungen neben den Grundrechten des Grundgesetzes auch auf die Grundrechte der GrCh zurückgegriffen werden, für die Überprüfung innerstaatlicher Maßnahmen im unionsrechtlichen Umsetzungsspielraum bleibe es aber bei der primären Anwendung der Grundrechte des Grundgesetzes. Es werde insoweit vermutet, dass das Schutzniveau der GrCh durch die Grundrechte des GG mit gewährleistet sei.[268]
Danach dürfte es praktisch in diesem Bereich nur ausnahmsweise dazu kommen, dass die GrCh in die verfassungsgerichtliche Grundrechtsprüfung einbezogen wird.

Im Bereich unionsrechtlich vollständig determinierter Regelungen soll dagegen zwar ebenfalls eine grundrechtliche Prüfung möglich sein, hier komme den Grundrechten der CrCh jedoch Anwendungsvorrang zu, d.h. sie bilden den alleinigen Maßstab; die Vereinbarkeit mit den Unionsgrundrechten sei jedoch in diesem Fall ebenfalls vom Bundesverfassungsgericht – das ist die zentrale Neuerung in der Entscheidung – selbst zu prüfen.[269] Zur Begründung führt das Gericht an, dass die Gewährleistung eines wirksamen Grundrechtsschutzes zu seinen zentralen Aufga-

---

[267] BVerfGE 152, 152 ff. (Recht auf Vergessen I), BVerfGE 152, 216 ff. (Recht auf Vergessen II).

[268] BVerfGE 152, 152 (169).

[269] BVerfGE 152, 216 (236).

ben gehöre und der Grundrechtsschutz gegenüber der konkreten Anwendung volldeterminierten Rechts ohne Einbeziehung der Unionsgrundreche unvollständig sei.[270]
Die Möglichkeit des Bundesverfassungsgerichts, die gerichtliche Vorlagepflicht nach Art. 267 Abs. 3 AEUV i.V.m. Art. 101 Abs. 1 S. 2 GG durchzusetzen beseitige dieses Defizit nicht vollständig, da sich die Prüfung der Verletzung des Art. 101 Abs. 2 S. 2 GG überwiegend auf eine Willkürkontrolle beschränke.[271]

Da sich der zweite Senat des Gerichts dieser Rechtsprechung inzwischen angeschlossen hat,[272] dürfte die Abgrenzung der Zuständigkeiten zwischen Bundesverfassungsgericht und Europäischem Gerichtshof entlang dieser Linie verlaufen.

III. Schlussfolgerungen

Für das teilharmonisierte Informationsrecht der Sicherheitsbehörden und seine etwaige Vereinbarkeit mit Grundrechten kommt es somit für die Frage, ob letztlich in Karlsruhe oder in Luxemburg entschieden wird, praktisch zunächst auf die Entscheidung des ggf. befassten Fachgerichts über eine Vorlage an den Europäischen Gerichtshof nach Art. 267 Abs. 2 oder 3 AEUV an.

Legt das Gericht nicht vor, ist für die Grundrechtsfragen stets das Bundesverfassungsgericht zuständig, das über den heranzuziehenden Maßstab – ChrCh oder GG – anhand der Frage entscheidet, ob die betreffende Materie vollständig unionsrechtlich determiniert ist, oder ob nationale Spielräume vorhanden sind.

Dies könnte insbesondere vermehrte Vorlagen des Bundesverfassungsgerichts selbst an den Europäischen Gerichtshof zur Folge haben, wenn

---

[270] BVerfGE 152, 216 (239 ff.).

[271] BVerfGE 152, 216 (241).

[272] BVerfGE 156, 182 ff.

die zu entscheidende grundrechtliche Frage von diesem noch nicht geklärt ist. Solche waren bisher selten, da unionsverfassungsrechtliche Fragen über die Vorlagepflicht regelmäßig zwischen den nationalen Fachgereichten und den Europäischen Gerichtshof geklärt wurden.[273]

---

[273] Britz, NJW 2021, 1489 (1491 ff.).

E. Zusammenfassung und Ausblick

Die Arbeit hat ergeben, dass an das Informationsrecht der Sicherheitsbehörden einerseits auf nationaler Ebene eine Vielzahl grundrechtlicher und rechtsstaatlicher Anforderungen gestellt sind. Diese lassen sich systematisieren als solche an Eingriffsschwellen und Schutzgüter und Zweckbindung sowie als Vorgaben für Kontrolle, Verfahren, Transparenz und Rechtsschutz. Diese Anforderungen sind anhand der Eingriffsintensität zu variieren, wobei Streubreite, Dauer und Verdecktheit von informationellen Eingriffen sowie deren Nähe zur Privatsphäre zentrale Kriterien zu deren Bestimmung sind.

Den nationalen Gesetzgebern stellt sich insoweit auch weiterhin die Aufgabe, informationelle Eingriffe der Sicherheitsbehörden auf der Grundlage und in Kenntnis der verfassungsgerichtlichen Rechtsprechung solide zu regeln, wobei sie mit Blick nach Karlsruhe weiterhin auf „Ja, aber..“-Rechtsprechung hoffen dürfen, die ihren politischen Entscheidungen über die Notwendigkeit informationeller Befugnisse und Instrumente nicht grundsätzlich im Wege steht.

Andererseits hat das Informationsrechts der Sicherheitsbehörden eine Europäisierung nicht unerheblichem Ausmaßes erfahren, die sich faktisch in einer europaweiten informationellen Vernetzung der Sicherheitsbehörden ausdrückt und rechtlich durch eine partielle, vor allem datenschutzrechtlich begründete, direkte Harmonisierung auszeichnet sowie durch eine mittelbare Harmonisierung über das Erfordernis der Europarechtskonformität. Insoweit kommt die nationale Gesetzgebung im Bereich informationeller Eingriffe nicht umhin, auch das Europarecht – sei es auch solches aus anderen Kompetenzbereichen – im Blick zu behalten.

Die zentralen Akteure dieser beiden Entwicklungslinien – das Bundesverfassungsgericht und der Europäischen Gerichtshof – sind in der inhaltlichen verfassungsrechtlichen Bewertung informationsrechtlicher Eingriffe relativ nahe beieinander, so dass sich insoweit kein größeres Konfliktpotential im Binnenverhältnis der beiden Akteure abzeichnet.

Auf der Grundlage der „Recht-auf-Vergessen“-Rechtsprechung des Bundesverfassungsgerichts kann die Abgrenzung der Zuständigkeiten der beiden Gerichte vorläufig als geklärt gelten.

Im Ganzen hat sich daher die Arbeitshypothese, dass sich im Spannungsfeld verfassungsrechtlicher und europarechtlicher Anforderungen an das Informationsrecht der Sicherheitsbehörden rechtspolitische Disparitäten oder rechtsdogmatische Widersprüche ergeben würden, nicht bestätigt.

Was die weitere Entwicklung des Rechtsgebiets angeht, steht zu erwarten, dass sich die beiden Entwicklungsstränge der Konstitutionalisierung und Europäisierung über die Kooperation zwischen dem Europäischen Gerichtshof und dem Bundesverfassungsgericht mittels Vorlageverfahren zukünftig stärker miteinander verschränken werden.

Des Weiteren stehen auf der Tagesordnung der EU einige Projekte mit einem Bezug zum Informationsrecht der Sicherheitsbehörden, die ggf. neue Kapitel aufschlagen und damit neue (Verfassungs-)Rechtsfragen aufwerfen werden.

Es sind dies die zwischen 2018 und 2022 von der Kommission vorgelegten Entwürfe für ein sog. E-Evidence-Package[274], einen Police

[274] Vorschlag für eine Verordnung des Europäischen Parlaments und des Rates über Europäische Herausgabeanordnungen und Sicherungsanordnungen für elektronische Beweismittel in Strafsachen, COM(2018) 225 final v. 17.04.2018 mit zwei Anhängen gleichen Datums (SWD(2018) 118 final und SWD(2018) 119 final) und Vorschlag für eine Richtlinie des Europäischen Parlaments und des Rates zur Festlegung einheitlicher Regeln für die Bestellung von Vertretern zu Zwecken der Beweiserhebung in Strafverfahren, COM(2018) 226 final v. 17.04.2018.

Cooperation Code[275] sowie eine Verordnung zur Prävention und Bekämpfung des sexuellen Missbrauchs von Kindern.[276]

Der Vorschlag des E-Evidence-Package, der inzwischen verabschiedet wurde, aber erst ab 2026 Geltung erlangt,[277] soll nach dem Vorbild des US-amerikanischen CLOUD-Act[278] den grenzüberschreitenden Direktzugriff der Strafverfolgungsbehörden der Mitgliedsstaaten auf bei Providern gespeicherte Teilnehmer-, Zugangs-, Transaktions- und Inhaltsdaten[279] zu Beweiszwecken in Strafsachen ermöglichen und so das bisherige – als zu aufwendig empfundene – Verfahren der Er-mittlungsanordnung im Rahmen des EU-Rechtshilfeübereinkommens[280] ersetzen.

Ähnliches hätte die Umsetzung des dreiteiligen Police Cooperation Code zur Folge, hier allerdings hinsichtlich der bei den nationalen Strafverfolgungsbehörden bereits gespeicherten Daten, also der gleichsam

---

[275] Vorschlag für eine Empfehlung des Rates zur operativen polizeilichen Zusammenarbeit, COM(2021) 780 final v. 08.12.2021, Vorschlag für eine Verordnung des Europäischen Parlaments und des Rates über den automatisierten Datenaustausch für die polizeiliche Zusammenarbeit („Prüm II") und zur Änderung der Beschlüsse 2008/615/JI und 2008/616/JI des Rates sowie der Verordnungen (EU) 2018/1726, 2019/817 und 2019/818 des Europäischen Parlaments und des Rates, COM(2021) 782 final v. 08.12.2021 sowie Vorschlag für eine Richtlinie des Europäischen Parlaments und des Rates über den Informationsaustausch zwischen Strafverfolgungsbehörden der Mitgliedstaaten und zur Aufhebung des Rahmenbeschlusses 2006/960/JI des Rates, COM(2021) 784 final v. 08.12.2021.

[276] Vorschlag für eine Verordnung des Europäischen Parlaments und des Rates zur Festlegung von Vorschriften zur Prävention und Bekämpfung des sexuellen Missbrauchs von Kindern, COM(2022) 209 final v. 11.05.2022 mit acht Anhängen gleichen Datums (SEC(2022) 209 final, SWD(2022) 209 final, SWD(2022) 210 final).

[277] Vgl. Verordnung (EU) 2023/1543 des Europäischen Parlaments und des Rates vom 12.7.2023 über Europäische Herausgabeanordnungen und Europäische Sicherungsanordnungen für elektronische Beweismittel in Strafverfahren und für die Vollstreckung von Freiheitsstrafen nach Strafverfahren; diese gilt nach Art. 34 Abs. 2 ab August 2026.

[278] Dazu Rath/Spies, CCZ 2018, 299 f.; Schaar, MMR 2018, 705.

[279] Vgl. Art. 2 Nr. 7 bis 10, Art. 5 Abs. 3, 4 VO-E.

[280] Verordnung (EU) 2023/1543 des Europäischen Parlaments und des Rates vom 12.7.2023 über Europäische Herausgabeanordnungen und Europäische Sicherungsanordnungen für elektronische Beweismittel in Strafverfahren und für die Vollstreckung von Freiheitsstrafen nach Strafverfahren; diese gilt nach Art. 34 Abs. 2 ab August 2026Vgl. Rechtsakt des Rates vom 29. Mai 2000 über die Erstellung des Übereinkommens - gemäß Artikel 34 des Vertrags über die Europäische Union - über die Rechtshilfe in Strafsachen zwischen den Mitgliedstaaten der Europäischen Union und Übereinkommen gemäß Artikel 34 des Vertrags über die Europäische Union - vom Rat erstellt - über die Rechtshilfe in Strafsachen zwischen den Mitgliedstaaten der Europäischen Union, Abl. 197 v. 12.07.2000, S. 1 bis 23.

behördeneigenen Daten. Neben einer rahmensetzenden Empfehlung des Rats zur operativen polizeilichen Zusammenarbeit enthält der Vorschlag als zweiten Teil, die sog. Prüm II-Verordnung, mit der zunächst der im bisherigen Prüm-Rahmen vorgesehene automatisierte Austausch von polizeilich gespeicherten DNA-Profilen, Fingerabdrücken und Kraftfahrzeugregisterdaten um automatisiert abrufbare Lichtbilder und Kriminalakten erweitert. Damit verbunden wäre die Einführung eines (EU-weit recherchierbaren) Europäischen Kriminalaktennachweissystems (EPRIS) und die Etablierung der über die Netzanwendung für sicheren Datenaustausch (SIENA) für den standardmäßigen Austausch von personenbezogenen Daten mit Europol.[281]

In Umsetzung der vorgeschlagenen Richtlinie über den Informationsaustausch zwischen Strafverfolgungsbehörden würde überdies der wechselseitige Datenfluss über die generelle Verpflichtung zur Nutzung von SIENA[282] technisch und verfahrensmäßig vereinheitlicht und damit effizienter gemacht; zudem würde sichergestellt, dass alle Daten der Mitgliedsstaaten, die zum Zweck der Verhütung, Aufdeckung oder Untersuchung von Straftaten anderer Mitgliedsstaaten relevant sein könnten, diesen auch eigeninitiativ zur Verfügung gestellt werden.[283]

Einen weiteren Zufluss nochmals anderer Art würde der verfügbare Datenpool schließlich nochmals mittels der avisierten Verordnung zur Festlegung von Vorschriften zur Prävention und Bekämpfung des sexuellen Missbrauchs von Kindern erhalten. Während die Anbieter von Internetdiensten im Rahmen einer Umsetzung des E-Evidence Package vorrangig die Adressaten von Sicherungs- und Herausgabeanordnungen wären und insoweit – immerhin, aber auch nur – Prüfungs- und Herausgaberoutinen in Bezug auf die (Rechtmäßigkeit der) Anordnungen entwickeln müssten, würden sie nach diesem VO-Entwurf gleichsam zu Hilfsorganen der Strafverfolgungsbehörden. Der Entwurf verpflichtet Hostingdienste, interpersonelle Kommunikationsdienste, Stores für

[281] Art. 44 Nr. 5 und 6, Art. 48 Prüm II-VO-E.

[282] Art. 13, 16 Abs. 1 f) RL-E.

[283] Vgl. insbes. Art. 1, 7, 14 ff. RL-E.

Software-Anwendungen und Internetzugangsdienste zunächst zu fortlaufenden Risikoabschätzungen und zu Risikominimierung in Bezug auf Darstellungen sexuellen Kindesmissbrauchs.[284]

Sodann sind nach dem Entwurf auf Anordnung von unabhängigen mitgliedsstaatlichen Verwaltungsbehörden oder Gerichten inkriminierte Inhalte zu entfernen und zu sperren;[285] des Weiteren können die Dienste auf diesem Wege verpflichtet werden, mit Hilfe geeigneter Technologien aktiv nach illegalen Inhalten zu suchen (Aufdeckungsanordnung),[286] was bei interpersonellen Kommunikationsdiensten (z.B. WhatsApp und Signal) auf eine Überwachung laufender Kommunikation, also eine Chatkontrolle hinausläuft.

Schließlich sollen die Dienste verpflichtet werden, illegale Inhalte, von denen sie – eigenständig oder aufgrund einer Aufdeckungsanordnung – Kenntnis erhalten, an zu diesem Zweck zu gründende EU-Agentur[287] (EUCSA) zu melden, die die Daten ihrerseits nach einer Plausibilitätskontrolle an Europol weiterleitet.[288] Zudem haben die Dienste aufgrund einer (nationalen) Entfernensanordnung illegale Inhalte zu entfernen oder den Zugang hierzu zu sperren.[289]

Mit der Pflicht zur Suche nach illegalen Inhalten werden somit die Internetdienste – im Fall entsprechender nationalstaatlicher Aufdeckungsanordnungen – obligatorisch zu Ermittlern in Bezug auf (potentiell) illegale Inhalte ihrer Kunden und zu „Lieferanten" der in der Folge gewonnenen Daten an Europol und die Strafverfolgungsbehörden.

---

[284] Art. 3, 4 VO-E (Fn. 21).

[285] Art. 14 bis 18 VO-E (Fn. 21).

[286] Art. 7 bis 9, 10 VO-E (Fn. 21).

[287] Nach Art. 40 bis 42 und ErwGr 59 bis 75 Prüm II VO-E wird diese eine dezentrale EU-Agentur im Bereich Justiz und Inneres, die eng mit Europol zusammenarbeiten soll.

[288] Art. 12, 13, 40 ff., 48 Abs. 3 VO-E (Fn. 21).

[289] Art. 14, 15 Prüm II-VO-E; insoweit weist der Entwurf Parallelen auf zu VO 2021/784 zur Bekämpfung der Verbreitung terroristischer Online-Inhalte.

Die eingangs getroffene Feststellung, dass sich das Recht der Sicherheitsbehörden befinde sich in der Bundesrepublik seit längerem in einem dynamischen Wandel befinde, beschränkt sich – wie auch diese Arbeit gezeigt hat – schon seit längerem nicht mehr auf das nationale Recht.

Die beschriebenen neueren Initiativen der EU betreffen insoweit fast ausschließlich den hier ins Auge gefassten Bereich informationeller Maßnahmen, dessen Ausbau in weiteren großen Schritten vorankäme.

Insoweit hat etwa die geplante Chatkontrolle mit der vom Europäischen Gerichtshof verworfenen Vorratsdatenspeicherung gemeinsam, dass sie anlasslos, flächendeckend und unter Inanspruchnahme Privater stattfindet. Man darf gespannt sein, wie sich das Bundesverfassungsgericht und der Europäische Gerichtshof auf – die sicher zu erwarten stehenden – Klagen dazu verhalten werden, ggf. auch in ihrem neuen Kooperationsverhältnis.

Es erscheint nicht ausgeschlossen, dass sie innerhalb der Entwicklungslinien der Konstitutionalisierung und Europäisierung des Informationsrechts der Sicherheitsbehörden weitere Marksteine setzen werden.

Literatur

Aden, Hartmut, Europäische Rechtsgrundlagen und Institutionen des Polizeihandelns, *in:* Bäcker, Matthias/Denninger, Erhard/Graulich, Kurt (Hrsg.), Handbuch des Polizeirechts, München, 7. Aufl. 2021, Abschnitt M, S. 1809 – 1906.

Altwicker, Tilman, Europäisches Polizeirecht nach Lissabon: Eine Bestandsaufnahme*, in:* Schubel, Christian/Kirste, Stephan/Müller-Graf, Peter-Christian/Hufeld, Ulrich/Diggelmann, Oliver/Fakultät für Vergleichende Staat- und Rechtswissenschaft der Andrássy Gyula Universität Budapest (Hrsg.), Jahrbuch für vergleichende Staatswissenschaft 2012, Baden-Baden 2012, S. 95 – 111.

Arnauld, Andreas von, Die Europäisierung des Rechts der inneren Sicherheit, JA 2008, S. 327 – 335.

Bäcker, Matthias, Kriminalpräventionsrecht, Tübingen 2015.

Bäcker, Matthias, Sicherheitsverfassungsrecht, *in:* Herdegen, Matthias/Masing, Johannes/Poscher, Ralf/Gärditz, Klaus Ferdinand (Hrsg.), Handbuch des Verfassungsrechts, München 2021, § 28, S. 1715 – 1783.

Bergemann, Nils, Nachrichtendienste und Polizei, *in:* Bäcker, Matthias/Denninger, Erhard/Graulich, Kurt (Hrsg.), Handbuch des Polizeirechts, München, 7. Aufl. 2021, S. 1225 – 1301.

Britz, Gabriele, Kooperativer Grundrechtsschutz in der EU, NJW 2021, S. 1489 – 1495.

Bundesamt für Verfassungsschutz (Hrsg.), 70 Jahre Bundesamt für Verfassungsschutz 1950 – 2020, Köln 2020, abzurufen unter https://www.verfassungsschutz.de/SharedDocs/publikationen/DE/allgemein/2020-03-jubilaeumsbroschuere-70-jahre-bundesamt-fuer-verfassungsschutz-1950-2020.pdf?__blob=publicationFile&v=10 (24.03.2023).

Denninger, Erhard, Der Präventionsstaat, Kritische Justiz 1988, S. 1 – 15.

Dürig, Günter/Herzog, Roman/Scholz, Rupert (Hrsg.), Grundgesetz, Bd. 1, Art 1 bis 5, 99. Lfg. München 2022.

Gärditz, Klaus Ferdinand, Sicherheitsrecht als Perspektive, GSZ 2017, S. 1 – 6.

Gärditz, Klaus Ferdinand, Sicherheitsverfassungsrecht und technische Aufklärung durch Nachrichtendienste, EuGRZ 2018, S. 6 – 22.

Grimm, Dieter, Verfassungsrechtliche Anmerkungen zum Thema Prävention, KritV 1986, S. 38 – 54.

Gusy, Christoph/Brugger, Winfried, Gewährleistung von Freiheit und Sicherheit im Lichte unterschiedlicher Staats- und Verfassungsverständnisse, in: VVDStRL 63 (2004), S. 101 ff. und 151 ff.

Karpenstein, Ulrich/Sangi Roya, Nationale Sicherheit im Unionsrecht: Zur Bedeutung von Art. 4 II 3 EUV, GSZ 2020, S. 162 – 168.

Lindner, Franz Josef/Unterreitmeier, Johannes, Die „Karlsruher Republik" – wehrlos in Zeiten des Terrors?, DÖV 2017, S. 90 – 98.

Löffelmann, Markus, Muster für ein Polizeigesetz aus Bayern, GSZ 2021, S. 164 – 170.

Mann Thomas/Fontana Sina, Entwicklungslinien des Polizeirechts im 21. Jahrhundert, JA 2013, S. 734 - 741.

Möllers, Martin H. W. (Hrsg.), Wörterbuch der Polizei, 3. Aufl. München 2018.

Möstl, Markus, Die staatliche Garantie für die öffentliche Sicherheit und Ordnung, Tübingen 2002.

Möstl, Markus, Das Bundesverfassungsgericht und das Polizeirecht - Eine Zwischenbilanz aus Anlass des Urteils zur Vorratsdatenspeicherung, DVBl. 2010, S. 808 – 816.

Möstl, Markus/Bäuerle, Michael (Hrsg.), BeckOK Polizei- und Ordnungsrecht Hessen, 32. Ed. München 2024.

Möstl, Markus/Schwabenbauer, Thomas (Hrsg.), BeckOK Polizei- und Sicherheitsrecht Bayern, 31. Ed. München 2023.

Müller, Michael/Schwabenbauer, Thomas, Informationsverarbeitung im Polizei- und Strafverfahrensrecht, *in:* Bäcker, Matthias/Denninger, Erhard/Graulich, Kurt (Hrsg.), Handbuch des Polizeirechts, München, 7. Aufl. 2021, Abschnitt G. Teil 1, Verfassungs-, unions- und konventionsrechtliche Vorgaben für die Informationsverarbeitung im Polizei- und Strafverfahrensrecht, *I. Einleitung*, S. 835 – 842 und *III. Vorgaben des Unionsrechts und der Europäischen Menscherechtskonvention*, S.953 – 1008.

Nettesheim, Martin, Art. 1 AEUV, in: Grabitz, Eberhard/Hilf, Meinhard/Nettesheim, Martin (Hrsg.), Das Recht der Europäischen Union, Kommentar, Band 1, 78. Lfg. München 2023

von Ooyen, Robert Chr., Die Staatstheorie des Bundesverfassungsgerichts und Europa, Baden-Baden 2022.

Pfeffer, Kristin, Wie europäisch wird das deutsche Polizeirecht?, NVwZ 2022, S. 294 – 298.

Pfeffer, Kristin, Vom Verfassungsstaat zur Sicherheitsunion – Harmonisierung, Zentralisierung und bessere Koordination im Bereich der Inneren Sicherheit der Europäischen Union, in: dies. (Hrsg.), Smart Big Data Policing – Chancen, Risiken und regulative Herausforderungen, Göttingen 2023, S. 75 – 97.

Rath, Michael/Spies, Axel, CLOUD Act: Selbst für Wolken gibt es Grenzen, CCZ 2018, S. 229 – 230.

Rusteberg, Benjamin, Die Entscheidung des Bundesverfassungsgerichts zum
Bundeskriminalamtsgesetz – Eine Zwischenbilanz des allgemeinen Sicherheitsrechts, Kritische Vierteljahresschrift für Gesetzgebung und Rechtswissenschaft (KritV), 2017, S. 24 – 35.

Schaar, Peter, E-Evidence: Das europäische Gegenstück zum CLOUD Act, MMR 2018, S. 705.

Schöndorf-Haubold, Bettina, Europäisches Polizei- und Sicherheitsrecht, *in:* Terhechte, Jörg Philipp (Hrsg.), Europäisches Verwaltungsrecht, 2. Aufl. Baden-Baden 2021, § 35, S. 1461 – 1566.

Schöndorf-Haubold, Bettina, Europäisches Sicherheitsrecht, in: Ehlers, Dirk/Fehling, Michael/Pünder, Hermann (Hrsg.), Besonderes Verwaltungsrecht, Band 3, 4. Aufl., Heidelberg 2021, § 68, S. 395 – 446.

Schwabenbauer, Thomas, Informationsverarbeitung im Polizei- und Strafverfahrensrecht, *in:* Bäcker, Matthias/Denninger, Erhard/Graulich, Kurt (Hrsg.), Handbuch des Polizeirechts, München, 7. Aufl. 2021, Abschnitt G. Teil 1, Verfassungs-, unions- und konventionsrechtliche Vorgaben für die Informationsverarbeitung im Polizei- und Strafverfahrensrecht, *II. Verfassungsrechtliche Vorgaben*, S. 842 – 952.

Terhechte, Jörg Phillip, Rechtsangleichung zwischen Gemeinschafts- und Unionsrecht – die Richtlinie über die Vorratsdatenspeicherung vor dem EuGH, EuZW 2009, S. 199 – 204

Wolff, Heinrich Amadeus/Brink, Stefan (Hrsg.), BeckOK Datenschutzrecht, 43. Ed. München 2023.

Volkmann, Uwe, Prävention durch Verwaltungsrecht: Sicherheit, NVwZ 2021, S. 1408 – 1415.

Anhang

Entscheidungen des Bundesverfassungsgerichts zum Informationsrecht der Sicherheitsbehörden[290]

I. Entscheidungen aufgrund von Rechtssatzverfassungsbeschwerden

	Jahr	Amtliche Sammlung o. Datum/Az.	Inhaltsstichwort	Zeitschriften-fundstelle	Zusammenfassung Ergebnis
1.	1999	BVerfGE 100, 313[291]	G 10-Gesetz	NJW 2000, 55	§ 3 Abs. 1, 4, 5 G 10-Gesetz teils nicht vhm i.e.S.[292]
2.	2004	BVerfGE 109, 279	Großer Lauschangriff	NJW 2004, 999	mehrere Regelungen in §§ 100c, d StPO verstoßen gegen Art. 19 Abs. 4 GG, Kernbereichsschutz und rechtl. Gehör
3.	2005	BVerfGE 113, 348	Vorbeugende Telefonüberwachung	NJW 2005, 2603	§ 33a NdsSOG zu unbestimmt, nicht vhm i.e.S. und verstößt gegen

[290] Ohne Entscheidungen im Eilrechtsschutz. Kammerentscheidungen (K) sind nur berücksichtigt, soweit sie substantielle materielle Aussagen enthalten. Die Übersicht erhebt keinen Anspruch auf Vollständigkeit.
Auch von den Landesverfassungsgerichten gab es vereinzelt entsprechende Entscheidungen, etwa SachsAnhVerfG, Urt. v. 11.11.2014, DVBl. 2015, 38 ff.; ThürVerfGH, ZD 2013, 79 ff.; SächsVerfGH, Urt. v. 14.05.1996, LKV 273 ff.

[291] Dieses Urteil wird in der Literatur als Ausgangspunkt der nachfolgenden Serie von Entscheidungen gesehen (Bäcker, HdB VerfR, § 28, Rn. 2); es war allerdings bereits die dritte Entscheidung zum G 10-Gesetz; zuvor hatte das Gericht mit BVerfG, NJW 1971, 275 ff., BVerfG, NJW 1985, 121 und BVerfG, NStZ 1995, 503 und dabei insbesondere bereits die Grundlagen für die Zulässigkeit von Rechtssatzverfassungsbeschwerden gegen Maßnahmen, von denen der Betroffene nichts erfährt, gelegt (erstmals explizit: BVerfG, NJW 1971, 275 (Ls. 1)).

[292] Verhältnismäßig im engeren Sinne.

					Kernbereichs-schutz; teilw. feh-lende Gesetzge-bungskompetenz

4.	2006	Beschl. v. 22.08.2006, 2 BvR 1345/03 (K)	IMSI-Catcher	NJW 2007, 351	keine Beanstandung
5.	2007	BVerfGE 118, 168	Kontostammdaten	NJW 2007, 2464	§ 98 Abs. 8 AO zu unbestimmt
6.	2008	BVerfGE 120, 274	Online-Durchsuchung	NJW 2008, 822	§ 5 Abs. 2 Nr. 11 VerfSchG NRW zu unbestimmt und nicht vhm i.e.S.
7.	2008	BVerfGE 120, 378	Kennzeichenlesesystem I	NJW 2008, 1505	§ 14 Abs. 4 HSOG und § 184 Abs. 5 LVwG Schl-H zu unbestimmt und nicht vhm i.e.S.
8.	2010	BVerfGE 125, 260	Vorratsdaten	NJW 2010, 833	§§ 113a, b TKG zu unbestimmt und nicht vhm i.e.S.
9.	2011	BVerfGE 129, 208	TKÜ-Neuregelung	NJW 2012, 833	keine Beanstandung
10.	2012	BVerfGE 130, 151	Bestandsdaten I	NJW 2012, 1419	§ 113 Abs. 1 S. 2 TKG nicht vhm i.e.S., § 113 Abs. 1 S.1 verfassungskonform auszulegen
11.	2013	BVerfGE 133, 277	Antiterrordatei I	NJW 2013, 1499	mehrere Regelungen in §§ 1,2, 3, 5 und 6 ATDG zu unbe-stimmt

					und nicht vhm i.e.S.
12.	2016	BVerfGE 141, 220	BKA-G	NJW 2016, 1781	mehrere Rege-lungen in §§ 10, 14, 20g, h, j, k, l, m, u, 40 BKA-G zu unbe-stimmt, nicht vhm i.e.S., verstoßen gegen Kernbereichs-schutz und gegen Art. 19 Abs. 4 GG
13.	2018	BVerfGE 150, 244[293]	Kennzeichenlesesys-tem II	NJW 2019, 827	Art. 33 Abs. 2, Art. 13 Abs. 1, Art. 38 Abs. 3 BayPAG teilw. nicht vhm i.e.S. und zu unbe-stimmt, teilw. fehlt Ge-setzgebungs-kompetenz
14.	2018	BVerfGE 150, 309	Kennzeichenlesesys-tem III	NJW 2019, 842	für § 22a Abs. 1 i.V.m.§ 26 Abs. 1 PolG BW fehlt teilw, Gesetzge-bungskompe-tenz; § 14a Abs. 1, 2 i.V.m. 18 Abs. 2 Nr. 5 verstößt gegen Zitierge bot; § 22a Abs. 1 i.V.m. § 26 Abs.

[293] Rechtssatzverfassungsbeschwerde mit vorausgegangener Unterlassungsklage vor den Verwaltungsgerichten.

					1 Nr. 6 PolG BW und § 14a Abs. 1, 2 i.V.m. § 18 Abs. 2 Nr. 6 HSOG nicht vhm i.e.S.
15.	2020	BVerfGE 154, 152	Fernmeldeüberwachung BND	NJW 2020, 2235	§§ 6, 7 BND-G verstoßen gegen Zitiergebot; §§ 6, 7, 13 bis 15, 19 Abs. 1, § 24 Abs. 1 S. 1, Abs. 2 S. 1, Abs. 3 teilw. zu unbestimmt und nicht vhm i.e.S.
16.	2020	BVerfGE 155, 119	Bestandsdaten II	NJW 2020, 2699	§ 113 TKG und § 22a Abs. 1 BPolG, § 7 Abs. 5, 6 ZFdG, § 8d Abs. 1, 2 BVerfSchG, § 2b BND-G, § 4b MAD-G, § 10 Abs. 1 BKA-G in weiten Teilen nicht vhm i.e.S.
17.	2020	BVerfGE 156, 11	Antiterrordatei II	NJW 2021, 690	§ 6a Abs. 2 S. 1 ATDG nicht vhm i.e.S.
18.	2021	Beschl. v. 08.06.2021 1 BvR 2771/18	Nutzung von IT-Sicherheitslücken	ZD 2021, 685	Art. 10 GG begründet staatlichen Auftrag, Fernmeldegeheimnis vor Zugriffen Dritter zu schützen, Verletzung aber nicht hinreichend dargelegt

19.	2022	Urt. v. 26.04.2022 1 BvR 1619/17	Bay Verfassungss-chutzgesetz	NJW 2022, 1583	Art. 8a, 8b, 9 Abs. 1, 10 Abs. 1, 12 Abs. 1, 15 Abs. 3, 19a Abs. 1, 25 BayVSG teilw. zu unbestimmt, verstoßen gegen Kernbereichsschutz und nicht vhm i.e.S.
20.	2022	Beschl. v. 28.09.2022 1 BvR 2354/13	Datenübermittlung Nachrichtendienst	NVwZ-RR 2023, 1	§ 20 Abs. 1 und § 21 Abs. 1 Satz 1 i.V.m. § 20 Abs. 1 BVerfSchG teilw. zu unbestimmt und nicht vhm i.e.S.
21.	2022	Beschl. v. 09.12.2022 1 BvR 1345/21	Polizeigesetz M-V	GSZ 2032, 98	§ 33 Abs. 2, § 33c Abs. 1, § 33d Abs. 1 Satz 1, § 35 Abs. 1 jeweils i.V.m. §§ 67a Abs. 1, 67 c Absatz 1 und §§ 33b Abs. 1 Satz 2 und § 35 Abs. 1 SOG MV teilw. zu unbestimmt und nicht vhm i.e.S.; z.T. fehlt zudem Gesetzgebungskompetenz

22.	2023	Urt. vom 16.2.2023 1 BvR 1547/19, 1 BvR 2634/20	Automatisierte polizeiliche Daten-Analyse	NJW 2023, 1196	§ 49 Abs. 1 HmbPolDVG und § 25a HSOG teilw. zu unbestimmt und nicht vhm i.e.S.

II. Entscheidung aufgrund von Normenkontrollverfahren

1.	2004	BVerfGE 110, 33	Telefonüberwachung AussenwirtschG	NJW 2005, 2603	§ 39 Abs. 1 und 2 AWG teilw. zu unbestimmt und nicht vhm i.e.S.

III. Entscheidungen aufgrund von Verfassungsbeschwerden gegen gerichtliche Beschlüsse und Urteile

1.	2003	BVerfGE 107, 299	TK-Daten Presse	NJW 2003, 1787	Keine Beanstandung
2.	2005	BVerfGE 113, 29	Beschlagnahme vom Daten I	NJW 2005, 1917	Gerichtl. Beschluss berücksichtigt Recht auf informationelle Selbstbestimmung nicht ausreichend
3.	2005	BVerfGE 112, 307	GPS im Strafverfahren	NJW 2005, 1338	Keine Beanstandung
4.	2006	BVerfGE 115, 166	Beschlagnahme von Daten II	NJW 2006, 976	Gerichtl. Beschlüsse berücksichtigen Recht auf informatio-

					nelle Selbstbestimmung und Art. 13 GG nicht ausreichend
5.	2006	BVerfGE 115, 320	Rasterfahndung	NJW 2006, 1939	Gerichtl. Beschlüsse berücksichtigen Recht auf informationelle Selbstbestimmung nicht ausreichend
6.	2011	BVerfGE 130, 1	Verwertungsverbot großer Lauschangriff	NJW 2012, 907	Keine Beanstandung in Bezug auf Recht auf informationelle Selbstbestimmung und Art. 13 GG; Urteil verletzte aber Art. 103 Abs. 2 GG